やるべきことがすぐわかる！

SDGs エスディージーズ

SUSTAINABLE DEVELOPMENT GOALs

実践入門

泉 貴嗣
Yoshitsugu Izumi

技術評論社

はじめに

　本書はSDGs（持続可能な開発目標）をビジネスで実践しようとする方〜特に中小企業の方〜向けの本です。本書ではSDGsをビジネスに実装しようとしている方のために、どのような考え方をすべきか、どのように取り組むべきかという方法論について解説しています。

　SDGsは、わたしたちの社会の持続可能性を脅かす社会問題や環境問題の深刻化を受けて登場した国際目標であり、持続可能な社会の実現のためにすべての組織と個人がその実現に向けて努力することが求められています。

　SDGsが登場してだいぶ経ち、ビジネスの世界ではいまや大企業だけでなく、中小企業にもその存在が知られるようになりました。また、現在は小学校、中学校、高校、そして大学の教育プログラムでもSDGsの考え方が反映されるようになりました。学校におけるSDGsの普及によって、将来の企業を背負って立つ生徒や学生の企業観、労働観も変わることが予測されます。彼らの価値観の変化は、必然的に企業のあり方にも大きな影響を与えることでしょう。

　SDGsは広く知られるようになった一方で、ビジネスの世界ではSDGsに対して「見返りを求めない社会貢献だ」「余裕がある大企業が取り組むもの」「よいことだが、実際に何をしたらよいかわからない」「中身はよくわからないが、乗り遅れないようにとりあえず賛同しておこう」などの誤解や問題があり、依然として目標実現に向けた取り組みでは多くの課題が存在します。

現代社会は、社会問題や環境問題の深刻化〜例えば自然災害の大規模化や感染症によるパンデミック、少子高齢化による市場の縮小と労働力不足など〜によって、その持続可能性を脅かされています。これは、企業のビジネス環境の持続可能性も脅かされていることを意味します。

　だからこそ、企業は規模の大小や業種に関わらず、SDGs の実現に向け本業のプロセスでこれらの問題に取り組むこと、つまり「社会問題や環境問題の解決に役立つビジネスへの進化」が、自社の「生存戦略」として不可欠になっています。もはや社会問題や環境問題は「自社に無関係」でも「国や地方自治体などが何とかしてくれる」問題でもなく、自社の持続可能性を左右する「経営課題」となっています。

　社会問題や環境問題を経営課題として取り組むには、従来のビジネス観を改め、「従来ビジネスとは関係ないと思い込んでいたこと」にも積極的にチャレンジする必要があります。チャレンジの多くは企業にとって未経験の取り組みになるものの、同時に成長とリスク低減をもたらす試みにもなるでしょう。

　本書はみなさんのチャレンジを少しでもお手伝いできればという思いで、筆者のこれまでの中小企業でのコンサルティングやビジネス・エスノグラフィの経験などを基に執筆しました。本書が少しでもみなさんの持続可能な企業づくりの役に立てれば幸いです。

泉　貴嗣

この本の読み方

本書はSDGsをビジネスに実装するための考え方、方法論について解説している本です。そのため、次の点を理解して読み進めることでより自社に適した考え方、方法論を見出すことができるようになるでしょう。

① この本は「応用」が前提の内容になっています

本書はSDGsの実現に必要な考え方と、その考え方に基づく方法論を解説しています。ただし、自社の経営環境を考慮せずに本書の考え方と方法論をそのまま当てはめようとすると、社内外で摩擦や矛盾が生じるおそれがあります。

そのようなリスクを回避するためにも、自社と周囲の環境を丁寧に観察、分析した上で、本書の考え方と方法論を活かしましょう。

② SDGsの取り組みテーマを決定するのは「あなた」です

SDGsはわたしたちの持続可能な社会の実現に必要ですが、その取り組みテーマや方法は法令で規定されているものではありません。

どのようなテーマ、方法でSDGsの実現を目指すかは「自社の責任」において決定すべきものであり、その決定に際しては現在のビジネス環境や自社の経営資源のあり方などを総合的に考慮する必要があります。

❸ 困ったら「専門家」への早期の相談を

SDGs の実現に向けた実践は社会問題や環境問題への取り組みを含むため、社内外で従来のビジネスとは異なる取り組みやステークホルダー（利害関係者）とのつながりが必要になってきます。

そのため、自社だけでの取り組みが難しい場合は早期にその事実を認め、弁護士や税理士、社会保険労務士、中小企業診断士、その他コンサルタントなどの専門家、自治体や NPO などの適切な団体に相談、提携を申し入れましょう。

❹ 学んでも実践しなければ「無意味」です

本当に重要なことは本書からくみ取った内容、あるいは本書に刺激されて考えた自分なりの視点や方法論を現実のビジネスに反映させ、社会問題や環境問題への取り組みを進化させ、SDGs の実現に近づくことです。

実践されない知識や考え方には何の価値もなく、その知識を得るために用いられたコストと時間はまったく無意味になります。そのため、失敗を恐れずに SDGs の実現に向けてチャレンジしましょう。

この本の構成

　本書は**第1章**から**第7章**までで構成されています。本書を手に取った方はすでにSDGsの存在をご存知とは思いますが、**第1章**では改めてSDGsとは何か？　という点についておさらいをします。ただし、**第1章**ではSDGsのおさらいだけでなく、SDGsとビジネスの関係やSDGsをビジネスに活かすために知っておくべき重要なキーワードと必要な考え方について解説しています。また、国際目標としてのSDGsは、「賞味期限」があります。そのため、この章の最後では国際目標としてではなく、考え方としてのSDGsの重要性について解説します。

　第2章はSDGsの実現に向けた「思考の断捨離」が主な内容になっています。SDGsの実践では、社会問題や環境問題を経営課題化する必要があります。そしてその経営課題の取り組みプロセスでは、従来のビジネスのステークホルダー（利害関係者）だけでなく、多様なステークホルダーとの関係構築や、従来はビジネスのテーマだと認識されていなかったことにもチャレンジすることが不可欠です。このチャレンジを可能にするには、古いビジネス観を捨て、新たな時代に適したビジネス観を構築する必要があります。

　第3章では思考の断捨離を終えた企業が、実際にSDGsを実践できる環境にあるかどうかをチェックします。SDGsは持続可能な企業への途ですが、その実践を成功させるためにはいきなり取り組むのではなく、自社のビジネスを取り巻く環境をチェックすることが不可欠です。この章では、そのチェックにおいて特に重要な項目について取り上げます。

第4章は本書の中心的な内容を占める、SDGs の実践に関する方法論です。この章では SDGs の実践として何をすべきか、取り組みテーマをどのように決めるべきか、テーマが動き出したらその進捗をどのように管理すべきか、について解説します。

　第5章は SDGs の実践をさらに発展させるための方法論について解説します。SDGs の理念は「誰一人取り残さない」ですが、この章では社会的ケアが必要にも関わらず、取り残された人たちをビジネスで支え、彼らを取り残さないための方法論について解説します。

　そして、**第6章**では SDGs の実践で忘れてはならない、リスク管理について解説します。企業やその構成員が【SDGs の実践＝社会にイイこと】と慢心し、所要のリスク管理を怠ると労務や訴訟などのさまざまなリスクを高め、不祥事発生時の対応力が低下してしまいます。そのため、この章では SDGs の実践に伴う日常的なリスク管理や不祥事発生時の対応で特に重要なポイントについて解説します。

　最後の**第7章**は SDGs の実践を持続的なものにするための考え方について解説します。持続可能な社会と企業を実現するためには、長期にわたる SDGs の実現に向けた取り組みが不可欠です。そのため、企業は短期的視野にとらわれるのではなく、長期的視野に立つ必要があります。この章では、その長期的視野に欠かせない考え方、要素について解説します。

Contents 目次

第 **1** 章 │ SDGsとビジネスの関係を知る

第 **4** 章 ┃ SDGsを実践する

第 **5** 章 ｜ SDGsを発展させる

第 **1** 章

SDGsとビジネスの関係を知る

この章で学ぶこと

　第1章では、SDGsとビジネスの関わりについて解説します。ビジネスで主体的にSDGsに取り組むためには、「SDGsとは一体何か？」「SDGsはなぜ登場したのか？」「SDGsはビジネスとどのように関わるのか？」といったことを最初に理解しておく必要があります。

　そのため、第1章では**STEP1**でSDGsとはいったい何なのか、なぜ登場したのかについて解説します。そして、**STEP2**ではSDGsを理解し、実践するために欠かせないキーワードである「ESG問題」について解説します。

　上記のSDGsとESG問題の基本的な理解をもとに、**STEP3**ではその理解をさらに深めるため、SDGsによるESG問題へのアプローチの方法や、SDGsに関連するいくつかの考え方について解説します。

　そして、SDGsは大企業や特定の業種だけに求められるものではありません。**STEP4**ではSDGsがすべての企業に必要な理由を解説します。また、SDGsはこれからのビジネスを進化させる上で有用なツールとして活用することが可能であり、**STEP5**ではその有用性について解説します。

　SDGsは国連発で2030年がゴールの国際目標ですが、取り組み方法が誰かによって決定されていたり、ゴール年以降に無用になるものではありません。そこで**STEP6**では、SDGsの本質と普遍性を解説し、第2章以降で自社がSDGsを実践するための基本的な視座を提供します。

STEP 1
SDGsとその登場背景を知る
01 02

STEP 2
ESG問題のリスクを知る
03 04 05

STEP 3
SDGsとESG問題の関係を知る
06 07

STEP 4
SDGsの必要性を知る
08 09

STEP 5
SDGsの有用性を知る
10 11 12

STEP 6
SDGsの本質を知る
13 14

SDGsとその背景

01 「SDGs」とは何か？

　SDGs（Sustainable Development Goals: 持続可能な開発目標）は持続可能な社会を実現するために2015年に国連で採択された、2016年から2030年までの世界共通の国際目標です。SDGsは、2000年に始まり2015年に終了したMDGs（Millennium Development Goals: ミレニアム開発目標）の後身として策定されました。MDGsが主に発展途上国をターゲットにした国際目標だったのに対し、SDGsは先進国を含め、より広範な社会問題や環境問題の解決をゴールとしています。

　世界は今、飢餓や人権侵害、経済格差、気候変動に伴う自然災害など、さまざまな問題に直面しています。これらの問題は、私たちの社会とビジネスの持続可能性を脅かしています。そこで登場したのがSDGsです。SDGsでは「誰一人取り残さない（No one will be left behind）」という基本理念のもと、こうした問題を解決し、持続可能な世界を目指すための17の目標、目標を実現するための169のターゲット、取り組みを評価するための244（重複を除くと232）の指標が設定されています。

　SDGsが掲げる17の目標は社会の持続可能性を実現する上で不可欠で、すべての人に関係があるものです。だからこそ、SDGsは官民、営利、非営利、組織、個人の区別なく、皆で協力して取り組むことが求められています。

　当然ビジネスもまた、この17の目標と無関係ではありません。社会問題や環境問題が山積みする世界では、ビジネスを持続させることはできません。SDGsは、持続可能なビジネスを実現するための目標でもあるのです。

持続可能な社会のための国際目標SGDs

2000年　従来のさまざまな国際開発目標を統合した
　　　　MDGsの登場

2015年　MDGs終了、その後身としてのSDGs登場

2016年　SDGs発効（〜 2030年）

SDGsは3層構造

17の目標
　└── 169のターゲット
　　　　└── 244（232）の指標

SDGsの17の目標

目標1
貧困をなくそう

目標2
飢餓をゼロに

目標3
すべての人に
健康と福祉を

目標4
質の高い教育を
みんなに

目標5
ジェンダー平等を
実現しよう

目標6
安全な水とトイレ
を世界中に

目標7
エネルギーをみんなに
そしてクリーンに

目標8
働きがいも
経済成長も

目標9
産業と技術革新の
基盤をつくろう

目標10
人や国の不平等
をなくそう

目標11
住み続けられる
まちづくりを

目標12
つくる責任
つかう責任

目標13
気候変動に
具体的な対策を

目標14
海の豊かさを
守ろう

目標15
陸の豊かさも
守ろう

目標16
平和と公正を
すべての人に

目標17
パートナーシップで
目標を達成しよう

19

SDGsとその背景

02 SDGsとビジネスの関わり

　SDGs はビジネスとどのように関わるのでしょうか？　現在、ビジネスの「今まで通り」が通用しなくなっています。その原因の１つが、近年、多発化の傾向を見せている自然災害です。自然災害がいったん起きれば生活基盤はもちろんのこと、ビジネスにおける基盤もまた、大きなダメージを被ります。

　こうした状況のもと、企業における旧来のビジネス観に変化が求められています。それは、「自然災害はめったに発生しない→対策は過大な「コスト」だから不要」から、「自然災害は多発する→ビジネス継続のために対策という「投資」が必要」への変化です。

　SDGs の目標 13 に「気候変動に具体的な対策を」があります。企業は自然災害に対して、これまでのように無関心でいることはできません。ゲリラ豪雨、台風の大型化、これらを引き金とする土砂災害、河川の氾濫など、自然災害の多くは気候変動の結果として起きています。そして気候変動の多くの原因は、企業の経済活動に由来するものです。企業の経済活動では、さまざまな燃料を大量に消費します。それに伴い、CO_2 をはじめとする温室効果ガスの大気中の濃度が上昇し、世界各地の気候に大きな変化をもたらしています。

　これらの気候変動は、規模や業種に関係なくすべての企業が直面するリスクです。企業は SDGs に示された目標をもとに「今まで」の考え方を改め、気候変動が引き起こす自然災害への対策を「ビジネス継続のための投資」として取り組む必要があるのです。

「今まで通り」が通用しない時代

経済活動による温室効果ガスの増加が進むと…

ゲリラ豪雨

台風の大型化

気候変動による
自然災害の多発化

土砂災害

河川の氾濫

自然災害によるビジネス継続の危機が起きる可能性

ESG問題とそのリスク

03 ビジネスの成長を脅かす「ESG問題」

　自然災害はビジネスの持続可能性や成長を脅かす要因となるものです。しかし、ビジネスの成長を脅かすのは自然災害だけではありません。自然災害を含む環境問題（Environment）のほか、社会問題（Social）と組織統治問題（Governance）もまた、ビジネスの制約要因となるものです。そして、これらの頭文字を取って総称したのが「ESG問題」です。

　ESG問題は、ビジネスの持続を脅かす問題であるとともに、わたしたちが暮らす社会の持続可能性を脅かす問題でもあります。ESG問題は、ビジネスと社会の両面で、SDGsの目標「持続可能な世界の実現」と密接に関わっているのです。

　自然災害や資源の枯渇をはじめとする環境問題（E）は、事業拠点の被災や資源価格の高騰といった形でビジネスの成長を脅かします。貧困や少子化をはじめとする社会問題（S）は、顧客の購買力低下や市場の縮小といった形でビジネスの成長を脅かします。違法なサービス残業や不正会計をはじめとする組織統治問題（G）は、法的規制の強化といった形で企業の自由を狭め、ビジネスの成長を脅かします。

　経済活動のグローバル化に伴い、ESG問題の種類とバリエーションは増加しています。それは、ビジネスの成長を阻害する要因が増えていることを意味します。ESG問題には、自然災害のように「認識しやすい問題」だけでなく、貧困のように「認識し難い問題」も含まれます。成長とリスクの低減を両立させるためにも、企業にはこれらのESG問題がビジネスに与える影響をリサーチし、「具体的な対策」をとることが求められています。

ビジネスの成長を制約する「ESG問題」

ビジネスを脅かすESG問題の例

Environment 環境問題

風水害

温暖化による施設エネルギーコスト増

Social 社会問題

低賃金、サービス残業

少子化による採用難

Governance 組織統治問題

労働法令の強化

製品の偽装

ESG問題は能動的なリサーチ×対策が不可欠

さまざまな情報を積極的にリサーチ

リサーチ結果に基づき具体的な対策を

ESG問題とそのリスク

04 ESG問題を「経営課題」として考える

　ESG問題がビジネスの成長を脅かす制約要因である以上、企業にとって、ESG問題への対応は「経営課題」となります。リスクを低下させ、ビジネスを成長させるためにはESG問題を「経営課題」として理解し、ビジネスを通してその解決に取り組むことが必要です。そして、この取り組みこそがSDGsの実践になるのです。

　貧困や飢餓、気候変動問題など、ESG問題の多くはスケールの大きさや問題の複雑さから、「アタマで大変なコトはわかっていても、実感がわかない」ことが多々あります。そして、「実感がわかない→経営課題にできない→実際の取り組みにつながらない→リスクの低下と成長機会につながらない」という負のサイクルに陥りがちです。

　ESG問題を経営課題として認識するためには、ESG問題をそのまま捉えるのではなく、「ESG問題がビジネスに与える影響」を想定し、「自分ごと化＝経営課題化」する必要があります。この時に重要なのが、次のポイントです。

①大きなESG問題を想定する
　（例：気候変動による台風や猛暑の多発化）
②①の影響がビジネスに与える影響を想定する
　（例：台風、猛暑による稼働日減少、生産性低下）
③②の影響が自社に与える影響を想定する
　（例：稼働日減少、生産性低下による収益性の悪化）

　大きなESG問題は必ず自社とそのビジネスに影響を与えます。だからこそ、ESG問題を経営課題として理解し、具体的なアクションを起こすことが、リスクの低減とビジネスの成長の両立に不可欠なのです。

ESGを「経営課題」として認識する

ESG問題には「認識しやすい問題」と「認識し難い問題」がある

認識し難い問題 ＝他人ごと

ESG問題を3段階論法で考えることにより経営課題化する

①大きなESG問題

温暖化による猛暑

②ビジネスへの影響

猛暑で生産性低下

経営課題としての
気候変動に対して
自社でできる対策
は何か？

③最終的な自社への影響

業績悪化

ESG問題とそのリスク

05 ESG問題の「発生源」を理解する

　ビジネスを通じて ESG 問題に取り組み、SDGs の達成とリスクの低減、成長を実現するためには、ESG 問題が生まれる「メカニズム」を理解することが重要です。

　これまでのビジネスは大量生産、大量消費、大量廃棄を基本とし、莫大な資源を必要としてきました。その結果として、環境汚染や資源の減少・枯渇、気候変動による自然災害の多発化などが進み、環境問題（E）が深刻化しました。

　また、経済成長は物質的なゆたかさをもたらす一方、企業の競争環境の激化によって経済格差や人権侵害、社会的孤立、少子化などが進み、社会問題（S）が深刻化しました。

　これらはいずれも企業の経済活動によって生じた問題であり、企業の組織統治（G）を基点として発生したものです。つまり企業のビジネスのあり方が環境問題（E）や社会問題（S）を生み出しているのです。企業の活動は ESG 問題を発生させる可能性と隣り合わせの関係にあります。企業が環境と社会に配慮したビジネスを行わなければ、企業自体が ESG 問題の発生源となってしまいます。

　ESG 問題の多くは法的問題や企業倫理の問題に関わっています。そのため **ESG 問題の発生源となった企業は、法的、社会的制裁を受けるリスクが増加します**。それは同時に、企業が SDGs の実現から遠ざかることを意味しています。企業は ESG 問題の発生メカニズムを理解し、自社が ESG 問題の発生源にならないように、予防のための取り組みとその取り組み状況のチェックを継続して行う必要があるのです。

ESG問題の発生メカニズム

ESG問題はG(組織統治問題)が起点

組織統治(G)に環境、社会の視点が欠けると…

ゴミ処理費用は
カネのムダ

人件費を抑えて
とにかく儲けたい

環境問題(E)

海、山への不法投棄

社会問題(S)

低賃金で困窮

**企業(G)が環境(E)と社会(S)に配慮しないと
企業自体がESG問題の発生源になる**

法的、社会的制裁を受けるリスク

不法投棄で有罪判決を受ける企業

不当解雇でユニオンの街宣を受ける企業

SDGsとESG問題

06 SDGsによる「ESG問題への アプローチ」を理解する

　SDGs を実践する上で、企業は ESG 問題に対してどのようなアプローチを行うべきなのでしょうか？　1 つの ESG 問題は、他の ESG 問題と密接に関わっています。例えば社内の ESG 問題であるパワーハラスメントを予防するために、研修を行ったとします。しかしスタッフが少ないために過重労働という ESG 問題が常態化し、スタッフが恒常的にストレスを抱えた状態であれば、いくらパワーハラスメント予防の研修を行ったとしても、パワーハラスメントを誘発しやすい環境は改善されません。1 つの問題だけに取り組んでも、ESG 問題に対する効果は期待できないのです。

　SDGs では目標間に「相互連関性」のある実践によるメリット、つまり「マルチベネフィット」が求められています。例えば人材難という経営課題があったとします。そこで人材難の解消のため経済的に弱い立場にあるシングルマザーを採用し、同時に彼女たちの労働環境に配慮して企業内保育所を開設します。すると SDGs の目標 8「働きがいも経済成長も」の実現が、目標 1「貧困をなくそう」と目標 5「ジェンダー平等を実現しよう」に貢献し、相互連関するマルチベネフィットとなります。これは既存事業の課題解決として ESG 問題に取り込み、その実効性の確保のために新規事業を立ち上げる「一石多鳥」的な取り組みと言えます。また、SDGs の取り組みが自社単独では難しいと判断し、他の企業との間でパートナーシップを組んだとします。すると、その取り組みは SDGs の目標 17「パートナーシップで目標を達成しよう」の実践につながります。

　ESG 問題は複数の問題が複雑に絡み合っているため、1 つの取り組みだけでは奏功し難いという特徴があります。SDGs の実践は、マルチベネフィットにつながる取り組みと、社外とのパートナーシップを視野に入れる柔軟性がカギになります。

SDGsは「相互連関性」と「マルチベネフィット」が重要

ESG問題は1つの取り組みだけでは効果が期待できない

成長戦略には一石多鳥的なSDGsの実践が必要

人材難解消と女性の社会進出を企業内保育所で実現する例

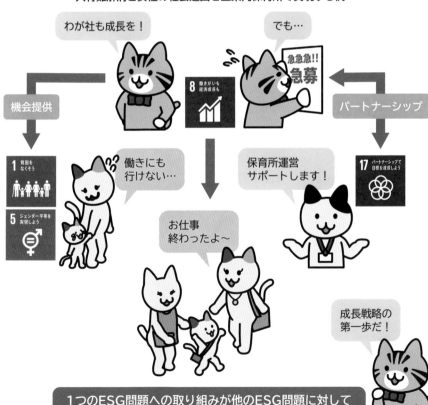

29

SDGsとESG問題

07 SDGsの「関連キーワード」を理解する

　SDGs には次の①〜④のような関連するキーワードがあります。混乱を招かないよう、SDGs とこれらのキーワードの意味の違いを正しく理解しておく必要があります。その違いとは、SDGs が「目標（What）」であるのに対し、これらのキーワードは「考え方」および目標実現のための「方法論（How）」であるということです。

① CSR（Corporate Social Responsibility: 企業の社会的責任）
② CSV（Creating Shared Value: 共有価値の創造）
③ ソーシャルビジネス（Social Business）
④ エシカルビジネス／消費（Ethical Business）

　①は、自社の利益追求だけではなく、社会と環境に対して責任ある経営をするべき、という考え方です。CSR には、法令順守のように企業を防衛する「守る CSR」と、ESG 問題に有効な製品の提供のように価値を創造する「伸ばす CSR」があります。②は、企業が ESG 問題に取り組み、社会と共有できる価値を創造するべき、という考え方です。これは CSR の価値創造機能（伸ばす CSR）にフォーカスしたものです。③は、ESG 問題（特に社会問題）の解決を目的としたビジネスの考え方です。④は、英語の「ethical（倫理的な）」に由来し、サプライチェーンにおける ESG 問題に配慮したビジネスや消費の考え方です。

　これらは SDGs という「目標（What）」を実現するための「方法論（How）」であり、SDGs に対してアプローチするための「考え方」を説明するものです。自社の SDGs の実践を整理、説明する上で、正しく理解しておきましょう。

SDGsを理解するために必要な4つのキーワード

SDGsは「国際目標」、関連する4つのキーワードは「考え方」

① 守るCSR

例：コンプライアンス

③ ソーシャルビジネス

ご希望の職種は…

例：障害者の就労支援サービス

② 伸ばすCSR/CSV

PET

CAT

例：循環型社会の環境ビジネス

④ エシカルビジネス/消費

FAIR TRADE

例：フェアトレード製品

企業にとってSDGsはWhat、CSRなどはHow

ここがWhat（目標）

ここがHow（方法）

SDGs

① 守るCSR

② 伸ばすCSR/CSV

③ ソーシャルビジネス

④ エシカルビジネス/消費

08 SDGsは 「中小企業」にも必要不可欠

　SDGs はすべての企業に関係のある目標です。中小企業もまた、SDGs と無関係ではありません。SDGs を「どのように実践するか」は、中小企業のビジネスの持続可能性にも大きな影響を与えます。中小企業が SDGs を実践する上で重要なポイントは、次の 2 つです。

① 「CSR 調達」への適合
② ソーシャルビジネス化の推進

　① 「CSR 調達」は、取引先を選ぶ際の基準として価格や機能だけでなく、CSR の状況も評価に含める調達方法のことです。環境や社会への影響力がある大企業は、機関投資家や NGO（非政府組織）などから ESG 問題への取り組みをチェックされる立場にあります。そこでこれらの企業では、サプライチェーンマネジメントに CSR 調達を取り入れる動きを加速させています。こうしたサプライチェーンに中小企業が加わるには、SDGs の目標実現に向けた CSR の実践が必要となるのです。

　また、ESG 問題はビジネス環境を脅かすと同時に、一種の「市場」になりつつあります。従来は政治が担ってきた ESG 問題も企業のノウハウを応用することで、② のソーシャルビジネス化が可能になります。農業における障害者の活躍を進める「農福連携」や、P.28 の企業内保育所を設置してシングルマザーを雇用し、人材不足を解消するなどのケースはソーシャルビジネス化の典型例です。

　ESG 問題の深刻化と SDGs の普及は、顧客の価値観と市場のあり方を変えています。だからこそ、中小企業にとって CSR 調達への適合力の向上とソーシャルビジネス化の推進が、SDGs の時代の「生存戦略」となるのです。

中小企業こそ積極的なSDGsの実践が重要

サプライチェーン全体でSDGsの実践が求められている

CSR調達によるサプライヤー選定

SDGsの目標を実現するための
ESG問題への対応は？

機関投資家　　NGO

SDGs
圧力

サプライチェーン
マネジメントで
ESG問題に対応します

貴社のCSRは
どうなっていますか？

大企業・グローバル企業　　中小企業サプライヤー

ソーシャルビジネス化によるSDGsの実践が新たな価値創造につながる

農福連携で障害者の自立と
アグリビジネスの活性化を！

農業の社会問題にチャレンジ

障害特性に合わせた作業

障害者の経済的自立

とても
美味しかったわ

エシカル消費の促進

SDGsの必要性

SDGsは「持続可能な企業」への道

　ESG 問題はすべての企業の持続可能性を脅かしています。持続可能な企業になるには CSR 調達やソーシャルビジネスのように、自然環境や社会に配慮したビジネス、マネジメントを実践する必要があります。そのためには近視眼的な視野でビジネスをとらえるのではなく、SDGs を通じてより大きな視野でビジネスをとらえ直すことが不可欠です。

　企業の持続可能性は短期的な市場の動向だけに適合する「部分最適」ではなく、中長期的な社会と自然環境の変化に適合する「全体最適」によって生み出されます。企業は市場の一員であり、市場は社会の一部です。そして社会は、自然環境の一部に過ぎません。**顧客のニーズや経営課題は市場の動向だけに基づくのではなく、社会と自然環境の影響を受けているのです。**

企業＜市場＜社会＜自然環境

　顧客や市場だけを意識した近視眼的な部分最適では、社会や自然環境、ひいてはビジネス環境の持続可能性にプラスの影響を与えたり、その変化に対応したりすることはできません。それは ESG 問題の当事者でもある顧客のニーズに応えられないことを意味します。

　全体最適によって企業の持続可能性を高めるためには、SDGs を参考にしながらより大きな視野でビジネスをとらえ直し、企業と社会の持続可能性を両立させるために必要な要素を知り、プラスの影響を与えるための具体策をビジネスに組み込む必要があるのです。そのため、持続可能な企業になるための第一歩は、SDGs を知ることから始まります。

持続可能な企業に必要な視野

持続可能な企業の基本イメージ

企業の持続可能性

自然環境・社会に配慮した
ビジネス・マネジメント

社会の持続可能性

自然の持続可能性

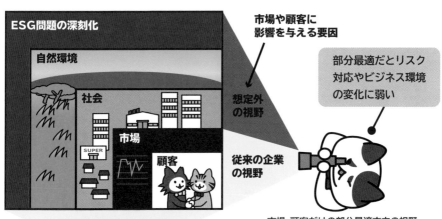

ESG問題の深刻化

自然環境

社会

市場

SUPER

顧客

市場や顧客に
影響を与える要因

想定外
の視野

従来の企業
の視野

部分最適だとリスク
対応やビジネス環境
の変化に弱い

市場、顧客だけの部分最適志向の視野

持続可能な企業の視野

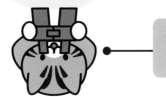

全体最適は部分最適よりも
リスク対応やビジネス環境
の変化に対応しやすい

自然環境と社会を含めた全体最適志向の視野

10 SDGsは「ビジネスの視野」を広げてくれる

　SDGs は、これからのビジネスの視野を広げるための有用なツールとして利用することができます。SDGs の基本理念「誰一人取り残さない」は取り残された人々が、持続可能な社会とビジネスにおける重要なパートナーであることを教えてくれています。この理念をいかに実践して具現化するかが、ビジネスの視野を広げ、成長可能性とリスク低減を両立させることに関わってくるのです。

　障害者やシングルマザー、刑務所出所者などの取り残された人々、いわゆる社会的弱者のケアは、ESG 問題の主要テーマとして、これまで主に政府や自治体などの公的セクター、社会福祉法人など民間の非営利セクターによって担われてきました。企業は一定規模の企業に課された障害者の雇用義務など、ごく一部の補助的な役割を担っているに過ぎず、「取り残された人々」は福祉による「支援」の対象だったのです。

　しかし ESG 問題の深刻化によって、企業は従来型の支援だけでなく、「雇用」を通じた社会的弱者とのパートナーシップの可能性に気付き始めました。障害者雇用における障害の特性に応じた業務方法の見直しや、シングルマザーの育児環境に応じた柔軟な勤務形態の導入などは、こうした可能性に基づく「誰一人取り残さない」の実践であると言えます。

　「取り残された人々」がビジネスに参加できれば経済的に自立し、購買力を持つことができます。それは貧困という ESG 問題の解決と共に、市場の拡大を意味します。**企業は利益を追求するからこそビジネスの視野を広げ、公正さを重んじて「取り残された人々」を受け入れる必要があります。**そのためにも、予断や偏見、ビジネスの古い常識を疑い、打破して、彼らとのパートナーシップの方法を考え、実践することが求められるのです。

SDGsの「誰一人取り残さない」

従来の取り残された人々のケア

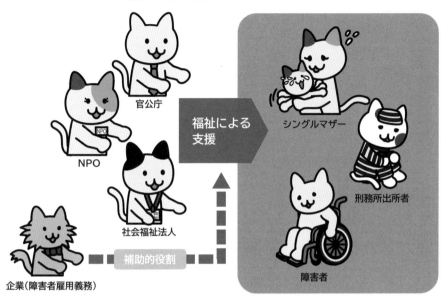

NPO
官公庁
社会福祉法人
企業（障害者雇用義務）
補助的役割

福祉による支援

シングルマザー
刑務所出所者
障害者

企業のSDGs実践が誰一人取り残さない世界を作る

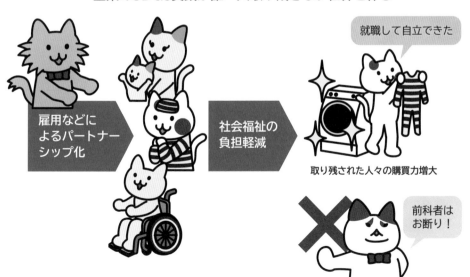

雇用などによるパートナーシップ化

社会福祉の負担軽減

就職して自立できた

取り残された人々の購買力増大

前科者はお断り！

偏見や古い常識がビジネスチャンスを逃す

SDGsの有用性

SDGsは「ビジネスの棚卸」を助けてくれる

　SDGs はビジネスの棚卸を助けてくれるツールでもあります。企業において「決算」はビジネスの「経済性の棚卸」です。企業は決算によって自社の現状を把握し、今後のビジネスの展開を構想します。しかし ESG 問題がビジネスの成長の制約要因となっている現在、企業の棚卸はもはや「経済性の棚卸」だけでは不十分です。**これからの企業は SDGs を参考にして、ESG 問題への対応を想定した「社会性の棚卸」を行う必要があるのです。**

　社会性の棚卸で最初に行うのは、「自社のビジネスに影響を与える ESG 問題にはどのようなものがあるのか？」を知ることです。これに対して SDGs は、17 の目標を通じて網羅的に ESG 問題を提示しており、ツールとして次のような使い方ができます。

① SDGs の各目標を参考に、自社のビジネスに影響を与える ESG 問題を知る
②自社の活動を SDGs の枠組みでチェックし、実践できている目標と実践できていない目標を整理する
③整理した結果をビジネスの改善に活用する

　P.32 の CSR 調達のケースに見られるように、SDGs はビジネスの「共通言語」になりつつあります。その結果、SDGs の実践について社外から説明を求められる機会が今後ますます増えていきます。また、学校でも SDGs が教えられるようになったことで、将来の従業員の企業観や労働観にも影響を与え、自社の SDGs を彼らに説明することが求められるようになります。SDGs によって「社会性」を棚卸することは、今後の経営戦略の精度を向上させるための、欠かせない取り組みになるのです。

SDGsはビジネスの棚卸に有効

SDGsはビジネスの棚卸の「ツール」として利用できる

決算だけで
ビジネスの現状は
把握できるのか？

決算書

SDGs活用 ＝ 社会性の棚卸

SDGsは多くの企業が認識しなかった
経営課題を示している

SDGsで自社の「社会性」の棚卸を
することで精度の高い現状把握が可能

SDGsの17の目標を「チェックリスト」に見立てて活用

チェックリスト

① SDGsの各目標を参考に、
ビジネスに影響を与える
ESG問題を知る

② 自社の活動をSDGsの
枠組みでチェックし、実践
できている目標と、実践で
きていない目標を整理する

③ 整理した結果をビジ
ネス改善に活用する

ビジネスの「共通言語」になるSDGsへの対応は不可避

御社のSDGsの
実践状況は？

CSR
レポート

(株)○○

**SDGs
とは**

SDGsを実践している
企業に就職するぞ！！

SDGsの有用性

12 SDGsは「ビジネスのヒント」を提供してくれる

　SDGs はわたしたちの目標と、立ち向かうべき ESG 問題を示しています。その中には従来のビジネスモデルとは異なる、新しい「ビジネスのヒント」が含まれています。これからのビジネスの成長には、これらのヒントを積極的に活かしていくことが求められています。SDGs が示す新しいビジネスのヒントには、大きく次の 2 つがあります。

①ビジネスのニーズとしての ESG 問題
②ソーシャルビジネスのテーマとしての 17 の目標

　ESG 問題は「みんなの困った」の集合体です。ビジネスの観点で見れば、それはニーズの集合体でもあります。SDGs はこのような「ニーズとしての ESG 問題」を 17 種類にわかりやすく分類したものと言えるでしょう。そして P.32 で紹介した「ソーシャルビジネス」は、ESG 問題の直接的な解決を目的としたビジネスの考え方です。SDGs はソーシャルビジネスの 17 種類のテーマを示しているとも言えるのです。

　ビジネスとは顧客が直面する課題に対して解決方法を提供する行為です。SDGs の時代は眼前の顧客のニーズだけでなく、より広範囲な ESG 問題がニーズとなる時代です。そこに、ソーシャルビジネスとなり得る新しいビジネスの可能性が存在するのです。

　従来の「顧客の要求に応じるだけ」のビジネスでは、ESG 問題というニーズと、その潜在的な市場にキャッチアップすることはできません。これまで企業は、ESG 問題をビジネスのメインテーマに据えていませんでした。しかし、これからの企業はビジネスに ESG 問題を実装することが求められます。だからこそ、SDGs が示すヒントから、新しいビジネスの可能性を探ることが急務となっているのです。

SDGsは新しいビジネスのヒントを示している

SDGsが示すESG問題はニーズ、市場としての可能性がある

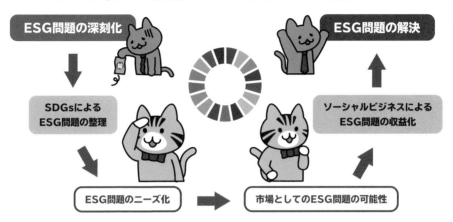

SDGs実現の方法論はソーシャルビジネスのテーマになる

企業内保育所の設置とシングルマザーの雇用による就労環境の整備

AIを活用したフードロス削減のための受発注システムの開発

高齢者が使いやすいオンライン診療アプリの開発

非正規労働者向けのキャリアップ教育サービスの提供

既存事業でも
新規事業でも

SDGsのヒントは
プラスになるな…

SDGsの本質

13 SDGsに 「決まったやり方」はない

　SDGs の実践で注意すべきは、「決まったやり方はない」ということです。特に企業が **SDGs の目標、ターゲット、指標の内、後の 2 つを過度に意識すると、内容の壮大さに困惑して身動きが取れなくなります**。SDGs の実践で重要なことは適切な目標を選んで取り組み、それが実効的で効率的であることです。

　有限の経営資源を用い、特定の業種で活動している以上、企業には「できること」と「できないこと」があります。だからこそ、SDGs のどの目標に取り組むかは、社会や自然環境のあり方と経営資源に照らし合わせて、企業が主体的に決定する必要があるのです。

　ノウハウや充分な準備がないにも関わらず、社会のトレンドに迎合するために成功する見込みのない目標に取り組んだり、目標を掲げておきながら実際の行動を起こさなかったりすれば、経営資源の浪費や社会的評価の低下といったリスクが高まります。

　単なるトレンドへの迎合ではなく、社会と自社の持続可能性のために主体的に SDGs を実践するにはヒト、モノ、カネのような有形の経営資源だけでは不十分です。企業理念やノウハウ、社会的信用、ネットワークといった無形の経営資源をも「ESG 問題への有効性」の観点で評価し、活用することが求められます。それは自社の「らしさ」を活かすことを意味します。

　この「らしさ」は一般的に「パーパス（purpose: 存在意義）」と呼ばれるものです。パーパスはモノやサービスの外観ではなく、企業が社会に提供している「本質的価値」です。SDGs には決まったやり方がないからこそ、パーパスに根ざした実践が重要であり、そのためにも自社のパーパスを問い直すことが不可欠なのです。

SDGsに「決まったやり方」がないことに注意

SDGsの実践は企業の主体性が重要

どうやってSDGsに取り組めばよいだろう？

SDGsでは〇〇に取り組まなければなりません

有識者

SDGsは法令と異なり実践方法が当局によって規定されていない

SDGs

経営環境を考慮せずに「有識者」の意見を鵜呑みにするのは危険

SDGs実践の重要なポイントはESG問題に対して「実際に効果があるか」

経営環境や自社の特性を無視したSDGsの実践はリスクになる

社長、また植樹に行ってるよ

仕事に関係ないのにね

わが社もやるぞ！！

目標10,000本!!

有名企業が各地で植樹

自社の経営状況を考慮しないと経営資源の浪費に

あの会社は口だけだな

口先だけで実行を伴わないと社会的評価の低下に

「らしさ（パーパス）」を重視したSDGsの実践が重要

飲食業の「らしさ」を活かしたSDGsの実践例

外国産

地元野菜使っています！

飲食ならではの社会貢献！

輸入野菜はCO_2が出るしね！

食材の輸送に伴うCO_2排出量削減

地域農業の活性化

SDGsの本質

14 SDGsに「賞味期限」はない

　SDGs は 2030 年までの官民、営利、非営利、組織、個人を問わない国際目標であり、世界規模の ESG 問題を射程とする、非常に大きな目標を掲げたものです。それでは、2030 年が到来すると SDGs はどうなるのでしょうか？　この問いに対する答えは「国際目標としての SDGs が終了しても、考え方としての SDGs は 2030 年以降も続く」です。重要なことは SDGs の外観（国際目標）ではなく、その中身（考え方）なのです。

　ESG 問題は資本主義と産業革命の「負の産物」です。資本主義は約 500 年、産業革命は約 250 年かけて世界中に普及しました。資本主義と産業革命は物質的なゆたかさを実現した一方で、ESG 問題を生み出し社会の持続可能性を脅かしています。SDGs の登場はこのような歴史的文脈の中に位置付けられます。

　そして今、わたしたちは ESG 問題の深刻さを認識し、SDGs の実現に向けて進もうとしています。しかし、どれだけ経済のあり方が変わり、画期的なイノベーションが起きたとしても、**500 年かけて生み出した ESG 問題をわずか 15 年で解決することは不可能だと考えるのが合理的です**。つまり、国際目標としての SDGs が 2030 年に終了を迎えたとしても、わたしたちは依然、ESG 問題に立ち向かう必要があります。だからこそ、持続可能な社会を目指す SDGs の考え方は、2030 年以降も意義を持ち続けるのです。

　考え方としての SDGs に「賞味期限」はありません。企業は SDGs を一過性のブームとして捉えるのではなく、今から「ポスト 2030」を見据えたビジネスモデルやマネジメントの確立に取り組むことが求められています。

本当に重要なのは「ポスト2030」を見据えた経営

ESG問題のスケール ＞ ESG問題の解決能力

ESG問題を生み出した500年間

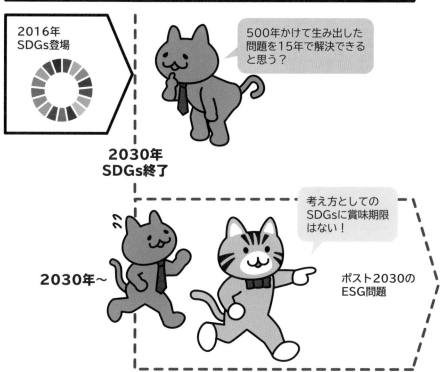

国際目標としてのSDGsに期限があってもSDGsが示した内容に賞味期限はない

「ポスト2030」を見据えたビジネスの追求を！

この章のまとめ

第1章では、SDGsに取り組むために知っておくべき、SDGsの基本的な考え方やその登場背景、SDGsを正しく理解するためのキーワードや、SDGsとビジネスとの関わりについて解説しました。要点をまとめると、次のようになります。

- SDGsは国連で採択された、2030年をゴール年とする国際目標である
- 自然災害の多発化などで、ビジネスの今までの常識は通用しなくなりつつある
- ESG問題はすべての企業の成長を脅かす重大なリスクであり、経営課題である
- SDGsはESG問題の深刻化を受けて登場した
- ESG問題の発生は企業のG（組織統治）が大きく関わっている
- 企業がSDGsの実践としてESG問題に取り組む際は、相互連関的な取り組みが重要
- SDGsは目標であり、CSRやCSV、ソーシャルビジネス、エシカルビジネスは目標実現の方法論である
- SDGsは業種や企業規模に関係なく必要である
- 中小企業のSDGsはCSR調達の強化、ソーシャルビジネス化がカギとなる
- SDGsはビジネスの視野を広げ、進化させるヒントになる
- SDGsは決まったやり方がないからこそ、パーパス（存在意義）が重要になる
- SDGsで重要なのは考え方であり、この考え方には賞味期限がない

第 **2** 章

SDGsを準備する①
～旧来のビジネス観からの脱却

この章で学ぶこと

　第2章では、SDGs を実践するために「思考の断捨離」を行います。なぜならば従来のビジネスの価値観にとらわれていると、SDGs の考え方をビジネスに生かすことができないからです。そのため、この章ではこれまで多くのビジネスパーソンが抱いてきた古いビジネス観の更新を促し、SDGs 実践のための「地ならし」を行います。

　まず **STEP1** では、第1章の内容を念頭に置きつつ、持続可能なビジネスのためにビジネスの定義を変更する必要性について解説します。次の **STEP2** では、ビジネスに関わる多様な価値の重要性に焦点を当て、数字に偏重したビジネス観からの脱却の必要性について解説します。

　最後に、SDGs の実践による持続可能なビジネスの実現には、その担い手である従業員の人権の尊重が不可欠です。そのため、**STEP3** では根性論や男尊女卑のビジネス観を捨て去ることの必要性について解説します。

　古いビジネス観から脱却したところで、次の第3章では SDGs を実践するために欠かせない、経営のチェックポイントについて解説を行います。

STEP 1
ビジネスの定義を変える

15   16

STEP 2
数字に偏重したビジネス観から脱却する

17   18

STEP 3
人間尊重のビジネス観を持つ

19   20   21

ビジネスの定義

15 「○○だけすればよい」という考えを捨てる

　長くビジネスを続けていると、それぞれの企業が属している「○○業」の知識やスキル、ネットワークが「無形の経営資源」としてストックされていきます。しかしSDGsの時代において、このようなストックは次のようなリスクとなる可能性があります。

①ストックが「○○業」＝「○○だけをすること」という思い込み（バイアス）を強化する
②思い込み（バイアス）が現状の直視とリスク対策を妨げる

　無形の経営資源は一定の行動の繰り返しとその成功によってストックされていきます。それは既存のビジネスモデルへの適合性、依存性を高め、ひいては「同じことを繰り返せばよい＝他のことをしなくても良い」というバイアスにつながります。

　ビジネス環境が今後も変わらなければ、こうした考え方でも問題はありません。しかし現実には過去に例のないESG問題が増え、深刻化しているという現状があります。このような状況下で「○○だけすればよい」というバイアスに影響されると、ESG問題の重要性を正しく認識できず、必要なリスク対策が妨げられる可能性が大きくなります。

　新型コロナウィルスの世界的パンデミックに見られるように、現代のESG問題は従来の「ビジネスという概念」すら変えてしまうインパクトを持っています。**もはやビジネスは、眼前の顧客満足度を追求する単純な営利行為だけでは成り立ちません。**速やかに現状を直視し、ESG問題への対策をビジネスに組み込むことが大切なのです。そのためには、「○○業」＝「○○だけをすること」というこれまでの偏狭なビジネス観を捨てることが求められます。

「〇〇業」の固定観念はリスク

この業界で30年！

ウマければ
お客さんは
店に来る！

仕事は会社でやるもの！

実用新案
登録証

特許証

ビジネス環境に変化がなければ経営資源だが…

長いキャリアがバイアスになり、逆にリスクの探知や現状の直視などを妨げる

こんなことに
なるとは！

油断しなきゃ
よかった！

自然災害　　　　パンデミック

新型コロナウィルスはビジネスの概念を変える

今までのやり方が
通じない…

入店人数
制限中

出前
貴族

今までの考え方を
捨てよう！

ビジネスの定義

「雇用と納税、法令順守だけでOK」という考えを捨てる

雇用と納税、法令順守は企業が ESG 問題を予防するための重要な CSR（企業の社会的責任）です。これら 3 つの責任は、企業の存続に不可欠な「守る CSR」の根幹をなしています。しかし、ビジネスの成長とリスク低減という観点から見れば、「3 つの責任だけを果たせば安心」だと考えてしまうのは、次のような理由から危険だと言えます。

① 3 つの責任は ESG 問題の予防、企業の防衛といった「守る CSR」が中心であり、それ自体が価値を創造するわけではない
② CSR の範囲を 3 つの責任に限定すると、ESG 問題を価値創造につなげる「伸ばす CSR」への対応が困難になる

3 つの責任の履行は、ビジネスを行う際の「最低限のリスクマネジメント」に過ぎません。**持続可能な企業には、「守る CSR」と「伸ばす CSR」の両立が不可欠なのです。**重要なことは「守る CSR」を基礎としながら、「伸ばす CSR」によって新しい成長機会を追求することです。いつまでも最低限のリスクマネジメントに留まっていると、ESG 問題の深刻化に伴って登場する新しいリスクや社会的責任／要請に対応できません。そして、ESG 問題をビジネスチャンスとして捉えることが困難になります。

だからこそ、雇用と納税、法令順守だけに自社の責任を限定して安心するという危険な考え方から訣別する必要があります。自社を存続させ、ビジネスの持続可能性を高めるためにも、これからは 3 つの責任を基礎としつつ、自社が対処すべき経営課題を SDGs の観点から見直すことが不可欠となります。

「最低限」のリスクマネジメントではNG

「最低限」のリスクマネジメントが逆にリスクに

「最低限」は持続可能性の出発点

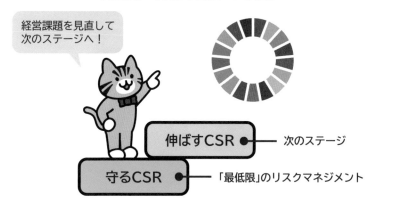

数字偏重のビジネス観

「売上が企業価値を決める」という考えを捨てる

　企業にとって売上は自社のビジネスに対する顧客からの評価であり、報酬です。そのため、「自社の企業価値は売上、すなわち顧客が評価している」という考え方は間違いではありません。しかし、企業の価値が次の2つの価値によって構成されていることは、正しく理解しておく必要があります。

①経済的価値…現金、不動産、株価など、金銭が評価軸となる価値
②社会的価値…地域の活性化、消費生活の利便性向上、雇用など、社会の維持発展への貢献度が評価軸となる価値

　経済的価値はもっぱら直接的な取引関係にある顧客などが評価するものです。それに対し、社会的価値は従業員や地域住民などの多様なステークホルダーが評価するものです。営利活動を目的とする企業にとって、経済的価値の重要性は明らかです。しかし持続可能なビジネスにおける経済的価値の創出には、社会的価値の裏付けが不可欠です。なぜなら、社会的価値は「信用」と同義だからです。

　地域住民に信用されなければ、地域でのビジネス拠点の開設、維持は困難になります。従業員から信用されなければ、製品やサービスの生産ができなくなります。つまり、地域住民や従業員からの信用がなくなれば、企業は顧客から評価される機会そのものを失ってしまうのです。

　これは「社会的価値と経済的価値の総合」こそが、「本当の企業価値」であるということを意味しています。企業は「顧客からの評価だけを意識していればよい」という従来の考え方を捨て、**顧客と顧客以外のステークホルダーからの評価を両立させるための具体的な取り組みを進める必要があるのです。**

企業価値は「みんな」で決める時代に

企業価値は2つの価値から構成される

企業価値

経済的価値
現金や不動産、株価などの金銭が評価軸となる価値

社会的価値
社会の維持発展への貢献度が評価軸となる価値

顧客「だけ」を意識すると企業価値を損ねる

あの部品、3日後までによろしくね!!

危ない!

反対!!

危険な工場!

おまたせ〜

住民のクレームが多くてね

契約更新✕

重要なことは経済的価値と社会的価値の「両立」

経済的価値
「信用」が経済的価値を生む

社会的価値
「信用」という資本

これで一安心

数字偏重のビジネス観

数字偏重のビジネス観

18 「決算書を読めば自社を理解できる」という考えを捨てる

　企業にとって決算とは、1年間のビジネスで得られた経済的価値を総括する行為です。そして、その結果を金銭で定量的に表現したものが決算書です。そこに記載されている項目、数字の一つ一つが重要な情報ですが、企業は定量的な情報だけで成り立っているわけではありません。自社の状況を理解するには、決算書だけでは限界があるのです。

　自社の状況を適切に理解するためには自社の「経済的価値」だけでなく、「社会的価値」を把握することが不可欠です。 ただし、社会的価値に関する情報の多くは、数字で表現できない「定性的」な情報である点に注意が必要です。

　企業は地域社会から受け入れられ、そこから人材をはじめとする有形無形の経営資源を調達することでビジネスを続けられます。自社が地域にもたらす社会的価値、すなわち地域社会と自社との関係性は定量化できませんが、自社の存続に不可欠な情報です。従業員と自社の関係性についても、同じことが言えます。

　また、社会的価値に関する情報とは異なるものの、定量化が難しく定性的性質が強い情報として、立地条件などの環境に関する情報が挙げられます。立地条件は災害リスクの高低に大きく影響しますが、定量化が困難であり、決算書に現れる情報ではありません。

　的確な意思決定を行うためには自社の経済的価値に関する情報だけでなく、社会的価値や環境に関する情報、つまり「経済＋社会＋環境」の一体的な把握がカギを握っています。定性的な情報は「見え難い情報」ですが、情報収集を怠れば確実にリスクを高めます。だからこそ、「決算書を読めば自社を理解できる」という考え方を捨て、広い視点に立った情報収集に努力する必要があるのです。

自社の理解は【経済+社会+環境】の視点が不可欠

決算は1年間の「経済的価値」の総括

企業を知るにはさまざまな情報の把握が重要

社会的価値や環境に関する情報の多くは定性的で意識しないと「見え難い」

地域社会との関係

インバウンド依存とパンデミックリスク

会社と社員の関係

自然災害リスク

人間尊重のビジネス観

19 「給料を払えば人は働く」という考えを捨てる

　誰しも、カネがなければ生活することができません。そして多くの人にとってカネを稼ぐ手段は、企業などで従業員として働くことです。しかし、人はカネ「だけ」を目的に働いているわけではありません。人は仕事を通じた「自己実現」や、「承認欲求の充足」を求めています。これらは一般に「やりがい」と呼ばれるものであり、正確な賃金の支払と同じく、労務管理の根幹にあるものです。

　人は社会的な生物です。だからこそ、仕事という社会的な行為を通じて人生の目標へ近づくことができなかったり、他者から認められなければモチベーションを失い、仕事のパフォーマンスも低下します。

　つまり、いくら給料を支払っても従業員の「やりがい」につながる働き方や労働環境を提供できなければ、人材の定着や育成に困難が生じます。そして組織的なパフォーマンスを発揮できず、企業価値の低下を招くことになるのです。

　この「やりがい」の提供は、不況期では平時以上に重要性が増すことになります。不況期は不当な労働力の買いたたきが発生しやすくなります。それは、不況期を共に耐え抜くパートナーであるはずの従業員のやりがいを奪うだけでなく、反感を買うことにつながります。その結果、企業は厳しい社会的批判にさらされ、企業価値が損なわれることになるのです。特に従業員個人が SNS で広範囲に情報発信することが可能な現代社会において、そのリスクは現実的なものです。

　SDGs の時代において、企業は平時の「給料を支払えば人は働く」、不況期の「雇ってもらえるだけでもありがたいと思え」という考えを捨て、常に従業員に対して「具体的な敬意」を払うことが求められるのです。

人はカネのためだけに働いているわけではない

多くの人は起業よりも就職を選ぶ

誰でも、いつでも自己実現と承認欲求の充足は重要

労働力の買いたたきはESG問題

人間尊重のビジネス観

人間尊重のビジネス観

20 「休みをほしがるのは甘え」 という考えを捨てる

　生活のために働くことは不可欠です。しかし、人は働くために生きているわけではありません。また、休みなく働き続けることはできません。「人を休みなく働かせる」ということは、企業価値を生み出す源泉としての労働力を、企業自ら損なっていることを意味しています。企業は持続可能なビジネスを実現するため、働く人の休日について、次のような考え方で臨む必要があります。

①従業員の心身の健康のために、法令の水準以上の休日を提供する
②従業員の育児、介護、看護のための休日を提供する

　近年は昇進や昇給よりも個人の時間の確保を重視する人が増え、職業選択の基準が明らかに変化しています。法令で決められた最低限の休日の提供だけでは、企業はやがて従業員から見放されます。働く人の「休みのニーズ」は甘えとして企業が批判すべきものではなく、労働市場への適応という「経営課題」なのです。

　育児や介護、看護のための休日も法令で義務付けられていますが、実際には働く人が男性である場合、「夫は仕事、妻は家事」という社会的偏見がその取得を困難にしています。しかし、育児や介護などは性別に関係なく、誰にでも起こり得るライフイベントです。これを一方の性に押し付けることは、働く人のモチベーションを低下させるだけでなく、ジェンダーの不平等を作り出し、SDGs の目標 5 に反します。

　人材の確保は、ビジネスの成長に絶対的に不可欠です。だからこそ、企業は「休みをほしがることは甘えだ」という考えを捨て、働く人の健康状況やライフイベントを注視しながら休日の提供と人繰り、関連費用の確保を行う必要があるのです。

休みは個人と組織の持続可能性に不可欠

過重労働の推奨、放置は事業リスク

育児、介護、看護を従業員の家族に押し付ける労務管理はNG

休みのニーズへの対応は「経営課題」

人間尊重のビジネス観

「女性は出産、育児で辞めるもの」という考えを捨てる

多くの企業の組織は「男性中心主義」で作られています。大多数の企業が男性の経営者や管理職で占められているのは、その端的な例です。しかし男性中心主義は次の2つの問題から、ビジネスの成長やリスクマネジメントを阻害することになります。

①女性の能力開発と多様な働き方の模索の機会を損なう
②ジェンダーの不平等などのESG問題を生み出す

ビジネスの世界では公式には否定されているものの、非公式にはいまだに「女性は出産、育児で辞めるもの」という偏見が根強く存在し、女性の能力開発、評価に対して消極的なことが珍しくありません。その偏見と消極性は、優秀な女性の能力発揮の機会を奪い、結果的に企業の成長機会を企業自身で奪っているのです。

現代はテレワークのように特定の場所に拘束されない多様な働き方が増えたことで、父母共に育児と労働の両立が可能になりつつあります。そして、多様な働き方の実現はコロナ禍のような非常事態のリスクマネジメントにも大きく寄与しています。また、企業の偏見などによって出産、育児で女性が退職を余儀なくされれば、企業がジェンダーの不平等や母子の貧困、人口減少などのESG問題を生み出すことになります。それは、企業が自らSDGsの実現を阻害することを意味します。

だからこそ、企業はビジネスの発展のためにも「女性は出産、育児で辞めるもの」という**偏見を捨て、性別に関係なく優秀な人材の活躍機会を広げる必要があります**。そのためには、企業の責任において男女平等の人事評価と能力向上の機会を提供するとともに、育児と両立可能な働き方を実現するための投資が求められるのです。

脱・男性中心主義の組織運営へ

現代の企業は男性中心主義の組織

男性中心主義は優秀な人材の活躍チャンスを逃し、ESG問題の原因に

偏見を捨てて多様な働き方にチャレンジすれば多様なメリットが

この章のまとめ

第2章では、ビジネスでSDGsを実践するために必要な、古いビジネス観の断捨離の必要性について解説してきました。要点をまとめると、次のようになります。

・自分たちの「○○業」＝「○○だけをすること」という固定観念を捨てる
・固定観念にとらわれるとビジネス環境の変化を見逃し、リスク対策が手遅れになる
・「守るCSR」だけに取り組んでも企業価値を創造するチャンスはつかめない
・ビジネスには「守るCSR」と「伸ばすCSR」の両立が重要
・企業価値は「経済的価値＋社会的価値」で成り立っている
・社会的価値の裏付けがないと経済的価値の追求は難しい
・自社を正しく知るには定量的な情報だけでは限界があり、定性的な情報も必要
・従業員は仕事に生計だけでなくやりがいを求めている
・従業員の健康とライフイベントに配慮しなければ、自社がESG問題を生み出すことになる
・男性中心主義の組織、人事は優秀な女性の活躍機会を損ない、さまざまなリスクを増加させる

第 **3** 章

SDGsを準備する②
～自社の現状チェック

この章で学ぶこと

　第3章では、自社のビジネス環境と組織の現状をチェックします。SDGs を実践するには、自社の内外の状況を適切に理解し、自社がSDGs にチャレンジする準備ができているかどうかを知っておく必要があります。

　SDGs の登場と ESG 問題の深刻化は、ビジネスのトレンドに大きな影響を与えています。そこで **STEP1** では、変化しつつあるビジネスのトレンドについて解説します。次の **STEP2** では、自社がこうしたビジネストレンドの変化に対応できるポテンシャルがあるかどうか、自社の経営状況のチェックを行います。

　また、上記のポテンシャルを発揮するためには、自社のビジネスモデルとビジネスの方向性が SDGs 志向であることが求められます。そのため、**STEP3** では SDGs の観点からビジネスの方向性をチェックするためのポイントを解説します。

　多様な観点から自社の経営をチェックしたところで、次の第4章では SDGs の具体的な方法論について解説していきます。

STEP 1
ビジネスのトレンドをチェックする

22 | 23 | 24

STEP 2
自社の体制をチェックする

25 | 26 | 27 | 28 | 29 | 30

STEP 3
ビジネスの方向性をチェックする

31 | 32 | 33 | 34

22 「プロセス志向への転換」に対応できているか？

　SDGs の実践に向けた準備として最初に行うのが、「ビジネストレンドの分析」です。現在のビジネスのトレンドを正確に見極めることなしに、SDGs への適切な取り組みは実現しません。最初のトレンドは、「プロセス志向への転換」です。

　これまでのビジネスは「結果」志向でした。ビジネスの結果とは、言い換えればカネなどの経済的価値の増大です。そしてビジネスによって登場した ESG 問題もまた、残念ながらその結果の一つと言えるでしょう。ビジネスが ESG 問題と密接に関わっている以上、わたしたちはこうしたビジネスの考え方を転換する必要があります。それは、ビジネスの考え方を「結果」志向から「プロセス」志向に転換することです。

　プロセス志向のビジネスとは生産活動に必要なエネルギーを再生可能エネルギーで調達したり、社会的弱者を雇用したりするなど、製品やサービスの提供プロセスを通じて ESG 問題の抑制、解決を目指すこと、そして、抑制、解決のプロセス自体を成長機会として位置づけることです。

　ビジネスにおいて経済的価値を無視することはできません。しかし結果のみを追い求めると、ESG 問題によってビジネス環境そのものの持続可能性を損ないます。これまで企業は、ESG 問題に対してビジネスの結果を原資とした寄付やボランティア、社会貢献活動などで対応してきました。しかし、それだけで ESG 問題の深刻化を食い止めることはできません。

　プロセス志向のビジネスとは、言い換えれば「ソーシャルビジネス」です。それは従来の「ビジネスの結果（カネ）によって ESG 問題に取り組む」だけでなく、「ビジネスのプロセスによって ESG 問題に取り組み、カネに換える」ことだと言えます。

「プロセス」志向のビジネスへ

結果重視のビジネスがESG問題を生み出した

ジャンジャン作れ！

ESG問題の深刻化スピード＞結果を原資にした対策

○○福祉財団に多額の寄付

焼け石に水！

カネを稼ぐ「プロセス」にESG問題の解決機能を実装する

CO₂ゼロ印刷！

インクはノンVOC！

生産で環境問題に取り組む企業

刑務所出て仕事がなかったらウチで働きな！

ありがとうございます！

雇用で社会問題に取り組む企業

ビジネストレンドのチェック

23 「新しい競争優位性」に 対応できているか？

　ビジネストレンドの2つ目は、「競争優位性の再考」です。企業が これまで「競争優位性」と認識していた事柄の多くは、絶対的な競争 優位性ではなかったり、偶然的な要因のお蔭だった可能性があります。 SDGsの時代にはプロセス志向のビジネスが求められています。これ まで認識していた競争優位性が今もなお有効なのかどうか、SDGsの 実践を始める前に再考する必要があるのです。

　ビジネスの競争優位性の多くは「相対的」な競争優位性です。ある 時点で競争優位性を獲得できたとしても、その有効性は長期間持続し ません。例えば、部品メーカーの製品製造は工作機械メーカーの工作 機械に依存します。そのため、競争優位性は工作機械の使い方や、特 定の製品製造への特化などによって作り出されます。しかし同様の取 り組みはライバル企業でも可能であり、この競争優位性は相対的です。

　また、飲食業であれば新メニューや新業態を開発することで、一時 的な競争優位性を得ることは可能です。しかし、一般的に調理技術や 店舗開発は高度な技術を要しないため、他社の参入障壁が低く、競争 優位性が相対化しやすくなります。

　製品やサービスは生産活動の「結果」です。**現在の競争優位性の創 出はこの「結果」にフォーカスしていますが、相対化して横並びしや すく、その有効性を長期間持続できないという問題があります。**そし てSDGsの登場によって、プロセス志向のビジネスに親和性の高い、 CSR調達やエシカル消費への顧客ニーズが高まりつつあります。

　プロセス志向のビジネスが求められる現在、企業は結果に関する競 争優位性だけでなく、製品やサービスを提供するプロセスによって ESG問題に取り組み、これを競争優位性に昇華させることが求めら れているのです。

それは「本当に」競争優位性ですか？

競争優位性の「不安定」さ

最新鋭の加工マシンを導入したぞ！

ウチは最新鋭の加工マシンを10台導入！

タピオカミルクティ始めました！

ウチはタピオカミルクティ＆パンケーキ！

TAPIOKA

TAPIOKA & PAN CAKE

大多数のビジネスの競争優位性は不安定

モノやサービスだけでなく、プロセスにおける競争優位性の創出が重要

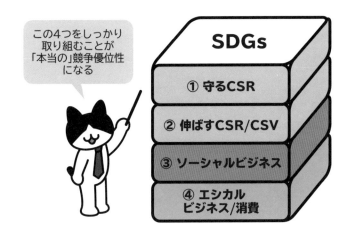

この4つをしっかり取り組むことが「本当の」競争優位性になる

SDGs

① 守るCSR

② 伸ばすCSR/CSV

③ ソーシャルビジネス

④ エシカルビジネス/消費

ビジネストレンドのチェック

24 「顧客ニーズの質的変化」に対応できているか？

　ビジネストレンドの３つ目は、「顧客ニーズの質的な変化」です。顧客ニーズに適切に応えるには単に「顧客が何を望んでいるか？」を知るだけでなく、「顧客はなぜそれを望むのか？」という、「理由」を理解することが大切です。**ESG 問題の深刻化や SDGs の登場によって、顧客ニーズは経済性だけでなく、製品やサービスが提供されるプロセスの社会性、つまり「経済性 ＋ 社会性」へと質的な変化を遂げています。**

　企業はより大きく、より広範囲で活動するほど ESG 問題との関わりが増え、その対応について、より高度な説明責任を社会から求められます。例えばサプライヤー企業で人権侵害などの ESG 問題があった場合、発注側の企業は「発注者としての説明責任」を問われ、社会的な批判を受けます。企業はこうした「説明責任」という社会的ニーズに応えるためにも、取引相手に「経済性」だけを求めるのではなく、サプライチェーンの「社会性」を高める必要があるのです。

　一層の説明責任を果たすため、企業は取引相手に品質、コスト、納期のいわゆる "QCD" という「経済性」に加え、自然環境や社内外の人権への配慮といった「社会性」を求めるようになります。これは、BtoB であれば CSR 調達、BtoC であればエシカル消費のニーズと同義です。

　SDGs の時代では製品やサービスの品質だけでなく自社の社会性、つまり自社の稼ぐプロセス、マネジメントの品質までもが顧客ニーズの対象になります。顧客ニーズの質的変化に適切に応えるには、経済性と社会性の両立を図ることが急務です。それは自社の経営を全般的にチェックすることから始まります。以降の節では、SDGs の準備として経営の何をチェックしていくべきなのかを解説していきます。

顧客ニーズは経済性+社会性の時代へ

活動範囲の拡大＝ESG問題との接点の拡大

従来の取引は経済性だけが基準

過度な経済性の追求はESG問題の原因に

発注企業が「発注者責任」を問われる時代に

発注者責任を逃れる企業は社会的批判にさらされる

ESG問題が顧客ニーズを変える

顧客ニーズに応えるには「QCD＋社会性」が必要

経営体制のチェック

25 「法令順守と環境対策」をチェックする

　SDGs の準備として、ここまでビジネストレンドの分析を行ってきました。ここからは自社の経営状況のチェックを行い、SDGs の時代に適した経営体制になっているかどうかの検証を行います。最初に行う経営チェックのポイントは、次の 2 点です。

①自社に適用される法令を把握して順守しているか？
②自社から生じる環境負荷を把握して対策しているか？

　①「自社に適用される法令を把握して順守すること」は、リスクマネジメントの基本です。そして、変化する法令の順守を個人任せではなく、組織的に行うためにも、役員と従業員の定期的なトレーニングを行う必要があります。このようなチェックやトレーニングには、弁護士など外部の専門家の活用が有効です。

　また、②「自社から生じる環境負荷を把握して対策すること」は、もっとも基本的な SDGs の実践の一つであり、社会性に関する典型的な顧客ニーズでもあります。そのため、自社の部門ごとの業務フローを洗い出し、そこから生じる環境負荷を定期的にチェックするとともに、継続的な環境負荷の改善に取り組む必要があります。このようなチェックや改善には、環境マネジメントシステムの導入などが有効です。

　これらは「守る CSR」でもあり、ビジネスの社会性向上の基本ですが、重要なことは一連の取り組みを「記録」することです。記録は取り組みの改善に役立つとともに、社会性を求める顧客に対する説明にも役立ちます。記録を「資産」と位置付け、資産形成の一環としてこれらのチェックに取り組みましょう。

法令順守と環境対策はSDGs実践の基本

守るCSRは自社の責任でチェック

☑ **自社に適用される法令を把握して順守しているか？**

乗務前の
アルコールチェック！

0.0 mg/L

組織的な法令順守

コンプライアンス
委員会 15:00 〜
講師：○○弁護士事務所
○○先生

○○法の改正
について…

必要に応じて専門家の活用を

☑ **自社から生じる環境負荷を把握して対策しているか？**

LED

他にも環境負荷に
なっていることは
ないかな？

施設の環境負荷削減

カーボンオフセット

現場で環境負荷削減

継続的なチェックの記録は「資産」形成につながる

御社のコンプライアンスと
環境対策はどうなっていますか？

こちらです！

全てが資産

報告書

報告書 報告書 報告書 報告書 報告書
報告書 報告書 報告書 報告書 報告書

取り組み記録の開示で信頼度アップ

経営体制のチェック

26 「人材確保の安定性」を チェックする

　２つ目の経営チェックのポイントは、「安定的な人材確保ができているかどうか」です。企業は継続することが前提の組織であり、そのためには経済的価値と社会的価値の追求が必要です。しかしその追求プロセスの中で、企業を構成する人材は定年などの理由で去っていきます。価値追求の担い手がいなくなれば企業は継続できないため、人材確保の安定性は重要な経営課題となります。人材確保の「必要条件」は「職務にふさしい給料」ですが、その安定性の向上のためには次のような「十分条件」が不可欠です。

①自社が地域社会に認知され、良好な関係にあるか？
②働く人の視点で必要かつ正確な情報を開示しているか？

　人材の確保は①「地域社会に自社を知ってもらう」ことから始まりです。遠方からの採用は人件費の高止まりを招きます。また、テレワークが困難であれば、長時間の通勤時間が働く人のライフプランを大きく制限します。ライフプランを制限する働き方は、SDGs の目標８が掲げる「働きがいのある人間らしい雇用／働き方」の実現を妨げることにもなります。だからこそ「より近くで」人材を確保する必要があり、そのためには地域社会で自社の認知を高め、良好な関係を築く必要があるのです。

　さらに、②「働く人の視点で必要かつ正確な情報を開示」しなければ、入社の意思決定を後押しできないどころか、そもそも求職者の選択肢になりません。

　景気の動向に関わらず、企業の継続には一定の人材が必要です。**人材確保の安定性向上には地域との関係性と、相手の立場に立った誠実なコミュニケーションが重要となるのです。**

持続可能な企業には人的継続性が不可欠

「十分条件」が不足すると…

☑ **自社が地域社会に認知され、良好な関係にあるか？**

隣は何をやってる会社なんだろう？

FACTORY

家と会社が遠い…

パパおやすみ

地域住民に知られていない企業

長時間通勤は企業も働く人も負担大

☑ **働く人の視点で必要かつ正確な情報を開示しているか？**

情報が少なすぎる

求人
委細面談

パス

応募が来ないなー

情報開示不足は最初から選考外

求職者に選ばれる自覚の欠如

「十分条件」の充実がリスクを低下させる

FACTORY

パパ！この会社でお勤めして！

オープンファクトリー

お気軽に見学どうぞ！

地域からの採用で自社も働く人もプラス

求人広告を見たのですが…

ありがとうございます！

求人
給与
福利厚生
勤務地
勤務時間
休日休暇

働く人視点の情報開示が重要

経営体制のチェック

27 「自社と地域社会の関係」を チェックする

　3つ目の経営チェックのポイントは、「自社と地域社会の関係」です。SDGsの目標11は、地域社会の持続可能性を目指しています。企業は地域社会から有形無形の経営資源を調達しているため、地域の持続可能性は重要な関心事です。また、**ビジネスの地域性が高いほど地域社会のステークホルダーが顧客の評価や経営資源の調達に影響を与えるため、地域社会との関係はより重要になります。** 地域社会との関係について特にチェックすべきは、次のポイントです。

①地域社会との関係が経済団体の加入や財界活動に留まっていないか？
②地域で活動する自治会や学校、NPOなどの活動に参加、協力しているか？
③地域社会の要望をくみ取る機会を作り、地域貢献活動をしているか？

　①経済団体の加入や財界活動は地域経済にプラスであっても、それらによる地域社会への認知や関係構築への寄与は限定的です。そのため、地域社会の一員としてビジネス以外でも積極的に地域社会と関わる必要があります。それには、②自治会や学校、NPOの活動に参加、協力したり、③地域社会の要望を反映した、地域貢献活動に取り組むことが有効です。自治会や学校、NPOはより広い地域社会との接点です。彼らの要望に応えて社会的価値を創造することで、顧客の評価や経営資源の調達にレバレッジ（てこ）の効果をもたらすことが可能になります。

　これまで多くの企業は、地域社会との関係構築を経営戦略の範囲として考えてきませんでした。関係構築に戦略的に取り組み、定期的なチェックを行うことで、ビジネスの社会性向上につながり、多様なメリットの創出が可能となります。

地域社会なくして自社とビジネスなし

戦略的な地域社会との関係はビジネスに必ず貢献する

☑ 地域社会との関係が経済団体の加入や財界活動に留まっていないか？

おはよう！

地域との関係が重要

☑ 地域で活動する自治会や学校、NPOなどの活動に参加、協力しているか？

職場体験の受け入れ

☑ 地域社会の要望をくみ取る機会を作り、地域貢献活動をしているか？

いつもありがとうございます

子供食堂

子ども食堂

地域社会のさまざまなステークホルダー

地域社会が有形無形の経営資源を提供している

取引するなら地元企業

近いから即納するよ

お客さん紹介するよ！

地元企業で就職！

御社は地元の信用が厚いですからね〜

融資

社会性の向上からは、多様なメリットが生まれる

経営体制のチェック

28 「自社の自然災害リスク」を チェックする

　4つ目の経営チェックのポイントは、「自社の自然災害リスクを把握できているか」です。地域社会との良好な関係は企業の社会的なポジションを安定させます。そして、社会的ポジションの安定とともに欠かせないのが自社の「環境面の安全性」です。ESG問題の深刻化により、自然災害リスクは極めて現実性が高いリスクとなっています。当然、SDGsでも災害対策の重要性が示されています。自然災害の問題は重要な経営課題であり、そのリスクを評価するために、次のポイントをチェックする必要があります。

①営業拠点周辺の自然災害リスクを想定しているか？
②想定リスクのうち、緊急性が高いリスクに応急措置を施しているか？
③自然災害リスクに応じたBCP（事業継続計画）を策定しているか？
④策定したBCPを定期的にシミュレーションしているか？

　①営業拠点周辺の自然災害リスクはハザードマップや実地調査などによって把握しておく必要があります。②把握したリスクは放置せず、危険性を評価して対策の優先順位を決め、緊急性が高いもの、実施が容易なものについては応急措置を施す必要があります。③リスク発生時に組織的な対応が必要な問題については、BCPを策定、共有し、④定期的にBCPのシミュレーションを行うことで、自然災害リスクによるダメージを減少させることができます。BCPの策定は自治体や商工会議所などで支援策が用意されているので、調べておきましょう。

　自然災害リスクは備えなければ「想定外」となりますが、能動的な取り組みによって減災が可能です。自然災害リスクをチェックし、具体的な対策をとることは、自社とビジネスの持続可能性に不可欠な「投資」と位置付けられます。

自然災害は「減災」が可能なリスク

地道な対策の積み重ねが減災を可能に

☑ 営業拠点周辺の自然災害リスクを想定しているか？

リスクの探知・想定

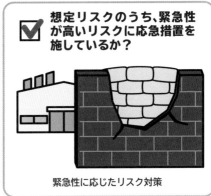

☑ 想定リスクのうち、緊急性が高いリスクに応急措置を施しているか？

緊急性に応じたリスク対策

☑ 自然災害リスクに応じたBCP(事業継続計画)を策定しているか？

水害シナリオ
土砂災害シナリオ
パンデミックシナリオ

想定リスクに応じたBCP

☑ 策定したBCPを定期的にシミュレーションしているか？

シミュレーション開始！

定期的なシミュレーション

減災は一人で悩まずみんなで取り組む！

対策のおかげですぐに復旧できたぞ！

減災対策支援します！

ねこ県庁

減災対策にしっかり投資を！

経営体制のチェック

29 「従業員の実質的な 働きやすさ」をチェックする

　5つ目の経営チェックのポイントは、「従業員の実質的な働きやす さ」です。**労働環境の最低限の基準は法令で定められていますが、最 低限の基準で喜んで働く人はいません。**またハードや制度によって法 令の基準以上の労働環境を整備しても、それは「表面的な働きやすさ」 に留まります。本当に活力ある組織を作るには上記環境に加え、従業 員間の人間関係やコミュニケーションのあり方を含めた「実質的な働 きやすさ」の向上に取り組む必要があります。実質的な働きやすさは、 SDGs の目標 8 で重視されている要素でもあります。働きやすさの評 価は、次のポイントをチェックすることで行います。

①従業員が職位や立場の違いを越えて、気軽に意見表明や改善を提案 　できる環境か？
②従業員が職位や立場に関係なくお互いを尊重しているか？
③組織が責任を持って従業員に業務方法を教えているか？
④賞罰が明示された基準に基づき、一貫して行われているか？

　①職位を理由に気軽に意見や提案ができない組織、②部下や業績不 振の従業員に対して傲慢に振る舞う人が主流派の組織、③業務方法を 教えずに目標だけを課す組織、④賞罰が不公平で従業員の倫理観を傷 つける組織。これらは風通しの悪い企業風土となって不正やさまざま な事業リスクを招来するとともに、働く人の実質的な働きやすさを損 ない、その定着や能力発揮を阻害します。
　実質的な働きやすさは、持続可能なビジネスによる企業価値の創造 の源泉です。企業価値は経営者や一部マネージャーの力ではなく、働 く人とのチームワークによって作られます。だからこそ、企業は経営 課題として実質的働きやすさの実現に取り組む必要があるのです。

「実質的な働きやすさ」が企業価値を作る

ハードや制度だけでなく、コミュニケーションにも気配りを

☑ **従業員が職位や立場の違いを越えて、気軽に意見表明や改善を提案できる環境か？**

この提案を…

社長に意見とは何事だ！

カイゼン

職位を理由に気軽に意見や提案ができない

☑ **従業員が職位や立場に関係なくお互いを尊重しているか？**

おはようございま…

・・・

従業員に対して傲慢に振る舞う

☑ **組織が責任を持って従業員に業務方法を教えているか？**

自分で覚えろ！

業務方法を教えずに目標だけを課す

☑ **賞罰が明示された基準に基づき、一貫して行われているか？**

あいつは優秀だから処分しない！

不公平な賞罰は従業員の倫理観を傷つける

人間関係やコミュニケーションのあり方は重要な経営課題

カイゼン
ブレスト

企業価値はチームワークによって作られる

経営体制のチェック

経営体制のチェック

30 「多様な人材の受け入れ状況」をチェックする

　6つ目の経営チェックのポイントは、「多様な人材を受け入れる環境があるか」です。人間には個性が存在します。社会は人々の個性を前提として存在しており、そのような社会の性質を「多様性（ダイバーシティ）」と呼びます。ビジネスが社会的な活動である以上、多様性という「現実」を無視すれば、企業はさまざまなリスクを抱えます。だからこそ、次のような視点で多様な人材の受け入れ状況をチェックすることは、重要なリスクマネジメントとなります。

①性別ごとにトイレ、更衣室などの設備を用意しているか？
②業務の割り当てや人材の登用を性別で決めていないか？
③障害の性質に応じた業務環境を提供できているか？
④宗教性のある行事への参加を拒否し難い雰囲気を作っていないか？
⑤出身地、性的指向、政治信条など本人のアイデンティティと密接な
**　関係にある属性の変更を求めたり、人事評価の対象としたりしてい**
**　ないか？**
⑥他者の⑤の属性を暴露や探知、もしくはからかったり侮辱したりす
**　る言動はないか？**

　SDGsの基本理念「誰一人取り残さない」の根底には「人権の尊重」があります。上記のポイントはまさに人権が関わるESG問題予防のポイントであるとともに、働く人のやりがいや実質的な働きやすさ、つまり組織力や生産性といったビジネスの持続可能性に深く関わっています。**多様性がある組織はよく似た性質の人が集まる画一的な組織よりも多彩なアイデアが出やすく、ビジネス環境の変化に柔軟に対応できます。**だからこそ、企業には多様な人材を積極的に受け入れることが求められているのです。

多様性を尊重する組織は環境変化に強い

具体的な行動が多様性を実現する

☑ **性別ごとにトイレ、更衣室などの設備を用意しているか?**

性差への配慮

☑ **業務の割り当てや人材の登用を性別で決めていないか?**

性差別の禁止

☑ **障害の性質に応じた業務環境を提供できているか?**

障害に合わせた環境整備

☑ **宗教性のある行事への参加を拒否し難い雰囲気を作っていないか?**

信仰などの尊重

☑ **出身地、性的指向、政治信条など本人のアイデンティティと密接な関係にある属性の変更を求めたり、人事評価の対象としたりしていないか?**

能力本位の公正評価

☑ **他者の⑤の属性を暴露や探知、もしくはからかったり侮辱したりする言動はないか?**

性的アイデンティティの保護

経営体制のチェック

方向性のチェック

31 「現在のビジネスモデル」の有効性をチェックする

　SDGs の実践を前にした経営チェックが完了したら、続いて個別の
ビジネスの方向性のチェックを行っていきましょう。最初の方向性
チェックのポイントは、「現在のビジネスモデルが有効かどうか？」
です。

　例えば新型コロナウイルスなどによる ESG 問題の悪化や、イノベー
ションによってビジネスのあり方を一変させる「ゲームチェンジャー」
は、この有効性を脅かします。企業はこのようなビジネス環境の変化
を考慮に入れながら現在のビジネスモデルの有効性を評価し、今後の
方向性を検討する必要があります。その時に重要なポイントは次の通
りです。

**①提供している製品・サービスは、社会の維持に不可欠あるいは ESG
　問題に有効か？**
②従来よりも効率的な①の生産技術、または代替品登場の兆候はあるか？
③移動や空間の利用方法が制限されても、生産活動を継続できるか？

　①社会的必要性が高い製品やサービスを扱うことは、生存戦略の強
化に重要です。② ICT や AI、ロボティクスといったイノベーションは、
生産性向上を促す一方、異業種の参入を招く脅威となります。また新
型コロナウィルスと共存する社会では、③断続的な移動の制限などに
備え、「より近い顧客」、「より広い空間」の確保が経営課題となります。

　現状でもこれらの問題への対応が可能なのか、あるいは全面的なビ
ジネスモデルの転換が必要なのかを判断するためにも、**①〜③を考慮
しながら現在のビジネスモデルの有効性を評価する必要があります。**

ゲームチェンジャーと新型コロナウィルスの脅威

今、あらためてビジネスモデルのチェックを

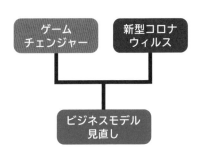

同業他社以外の要因がビジネスを脅かす

☑ 提供している製品・サービスは、社会の維持に不可欠あるいはESG問題に有効か？

社会的必要性の高さがビジネスの持続可能性と関わる

☑ 従来よりも効率的な①の生産技術、または代替品登場の兆候はあるか？

現行のビジネスモデルが永続する保証はない

☑ 移動や空間の利用方法が制限されても、生産活動を継続できるか？

空間の確保が経営課題に

今までの「常識」が通じないことを自覚すべし

日常的に既存のビジネスモデルを脅かすリスクの探知を

より近い顧客、より広い空間が持続可能性に貢献

方向性のチェック

方向性のチェック

32 「自社のSDGs度」を チェックする

　２つ目の方向性チェックのポイントは、「自社の SDGs 度」です。SDGs は社会とビジネスの持続可能性を高めるための経営課題であるとともに「顧客や消費者からのニーズ」として着実な実践が必要となります。これから SDGs にチャレンジしようとしている企業も、すでに SDGs に取り組んでいる企業も、顧客や消費者からのニーズに適切に応えるためには、次のような視点で「自社の SDGs 度」を評価し、外部に発信していく必要があります。

①現在のビジネスの中に、SDGs 関連の取り組みがあるか？
②その取り組みの社会的、経営的必要性は高いか？
③その取り組みは ESG 問題と自社にどのような効果をもたらしたか？
④今後のビジネスの中で取り組むべき SDGs 関連の取り組みは何か？

　評価、発信で重要なことは①自社の SDGs を知ることです。そして、その取り組みが②社会的にも経営的にも必要性があるか、③その実践が ESG 問題と自社に対してどのような影響をもたらしたのかを、正しく評価する必要があります。また、④今後の ESG 問題とビジネス環境の変化によって取り組むべき目標が変わったり、増えることもあり得ます。そのため、日常的に自社のビジネスと関係しそうな ESG 問題をリサーチし、自社の SDGs のあり方を展望する必要があります。

　これらの「SDGs 度」の評価結果は顧客や消費者のニーズに応えるだけでなく、自社の取り組みの改善にも役立ちます。**そのため、一度SDGs 度を評価して終わるのではなく、定期的に取り組み、発信することが重要です。**

SDGs度の把握は情報発信と経営改善にプラス

取り組み、必要性、効果、次の課題の把握がポイント

現在のビジネスの中にSDGs関連の取り組みがあるか？

エコドライブで行こう

SDGs視点で業務をとらえる

その取り組みの社会的、経営的必要性は高いか？

CO2ダウン（社会的必要性）　燃費アップ（経営的必要性）

2つの必要性の両立が重要

その取り組みはESG問題と自社にどのような効果をもたらしたか？

燃料代

CO2排出量

「やっただけ」ではなく取り組みの「評価」を

今後のビジネスの中で取り組むべきSDGs関連の取り組みは何か？

イテテ

次は健康経営だ！

座りっぱなしだから…

取り組みバリエーションの拡大が重要

自社のSDGs度は情報発信に活用を

弊社のSDGsの取り組みは…

御社のSDGsの取り組みは進んでいますね！

CO2排出量

乗車前後には体操をしましょう！

SDGs度の把握は多面的な効果あり

方向性のチェック

33 「企業理念」をチェックする

　3つ目の方向性チェックのポイントは、「企業理念」です。組織である以上、企業にはパーパス（存在意義）やメンバー間で共有すべき中核的な価値観が求められます。企業理念はこのようなパーパスや価値観を端的に表現したものですが、もしこの企業理念がSDGs実践の推進力となっていない場合は、見直しが必要となります。企業理念の見直しには、次のようなポイントが重要になります。

①ビジネスによって実現すべき社会的な目標を見出せるか？
②目標実現のために望ましい組織のあり方を見出せるか？
③目標実現の担い手として努力するべき事柄を見出せるか？

　企業理念はメンバーの行動指針や判断基準となるものです。それゆえ企業理念からはメンバーが共感できる①「社会的な目標」を見出せることが必要です。ESG問題によって人々の意識が変わりつつある現在、SDGsを参照してこの目標を考えることは、自社のあり方を考える上で重要な意義を持ちます。また、目標は掲げるだけでは不十分です。②目標実現のための組織のあり方、③目標実現の担い手が努力するべき事柄を見出せるかも重要です。これらはいわば、目標に対する「取り組みの方向性」です。

　掲げる目標の中に自社の進むべき方向性が見出せなければ、企業理念に行動指針や判断基準としての「実用性」が伴わず、空文化してしまいます。それは組織の「ホンネとタテマエ」のギャップを大きくし、企業としての意思決定が組織の各レベルで骨抜きにされるなどのリスクを高めます。「有言実行」の組織を作り、SDGsを着実に実践するためにも、今一度企業理念のあり方を見直してみましょう。

企業理念は「実用性」重視

企業理念、役立ってますか？

企業理念
**美味しさを
世界へ**
ねこまんま本舗

うちの
企業理念って

実用性の観点で見直しを

☑ **ビジネスによって実現すべ
き社会的な目標を見出せる
か？**

新企業理念
**美味しさ、健康、
エコを料理する**
ねこまんま本舗

自社の社会的目標を見出せるか？

☑ **目標実現のために望ましい
組織のあり方を見出せる
か？**

会社のために
意見を！

目安箱

あるべき組織像を見出せるか？

☑ **目標実現の担い手として努
力するべき事柄を見出せる
か？**

衛生推進者の
資格を取るぞ！

管理栄養士
の勉強だ！

あるべき人材像を見出せるか？

実際の行動指針となる企業理念の見直しを

とにかく
コスト下げろ！

企業理念
**食で世界を
救う！**
ゴミあさり本舗

企業理念
は…？

ホンネとタテマエのギャップはリスクに

美味しさ！健康！エコ！

実用的な企業理念が組織の団結力を高める

方向性のチェック

方向性のチェック

34 「経営計画」をチェックする

　方向性チェックの最後のポイントは、「経営計画」です。企業理念は記述内容が包括的になるため、具体的な方法論までをカバーすることはできません。企業理念に示された目標を実現するには、別途「方法論」が必要です。**社会性のある目標と方法論が両立してこそ、SDGs の着実な実践が可能となります。**そのため次のような視点で、方法論としての「経営計画」を見直すことが必要になります。

①ビジネスに影響（機会およびリスク）を与える ESG 問題を分析しているか？
②取り組む ESG 問題の優先順位と取り組み方法を検討しているか？
③取り組む ESG 問題の担当部門を定めて責任を明確にしているか？
④取り組みの成果指標（KPI）は決まっているか？
⑤取り組みが SDGs のどの目標に関連するかを把握しているか？

　「ESG 問題」の語を「経営課題」に置き換えればわかりますが、上記の①〜④は、一般的な経営計画の作成の考え方と大きく変わりません。実効的な経営計画を作るには、現状分析を通じて機会とリスクを認識し、それに基づいて取り組み目標とその優先順位、取り組み方法を決めます。そして取り組みの実効性を担保するために担当部門と成果指標を決め、計画した目標に取り組みます。加えて、SDGs の時代の顧客ニーズの質的変化に応えるために、⑤が必要となります。

　これまで多くの企業では、ESG 問題を「経営課題化」しきれていませんでした。しかし、状況の深刻化と SDGs の普及によって、ESG 問題はもはや無視することのできない経営課題になっています。こうした課題に適切に対応するためにも、SDGs を実践するにあたって企業理念とともに経営計画を見直すことが急務と言えるでしょう。

経営計画へのSDGsの組み込みは必須

キホンは一般的な経営計画と同じ

☑ ビジネスに影響（機会およびリスク）を与えるESG問題を分析しているか？

買い物難民…

排気ガスのCO₂

幅広い視点でESG問題を検討

☑ 取り組むESG問題の優先順位と取り組み方法を検討しているか？

ハイブリッドタクシー

取り組みテーマと方法論の明確化

☑ 取り組むESG問題の担当部門を定めて責任を明確にしているか？

営業部で取り組み推進を！

はい！

買い物もエコの時代

担当の明確化

☑ 取り組みの成果指標（KPI）は決まっているか？

配車ですね！

ありがとうございます！

目指せ実働率70%以上！

成果指標の明確化

☑ 取り組みがSDGsのどの目標に関連するかを把握しているか？

この取り組みとSDGsの関係は…

11 住み続けられるまちづくりを

13 気候変動に具体的な対策を

取り組みとSDGsの関連性の明確化

目標

方法論

企業理念

経営計画

経営計画は企業理念を実現させるための方法論

この章のまとめ

第3章では、SDGsにチャレンジするための社内外の環境について
チェックを行いました。これらのチェックポイントは、SDGsを実践
する上での自社のポテンシャルを知るための指標となるものです。要
点をまとめると、次のようになります。

- ビジネスは、「結果」志向から「プロセス」志向に変化する
- プロセス志向のビジネスに移行するためには、現在の競争優位
  性を再考する必要がある
- 顧客は取引相手に、社会性を求めるようになっている
- 社会性を向上させるためには、法令順守と環境対策を組織的に
  行う必要がある
- 企業の継続には、人材確保の安定性が重要である
- 地域社会から支持され経営資源を調達するには、地域社会との
  良好な関係を構築する必要がある
- 自社の安定のためには、自然災害リスクの把握と、それに基づ
  いた対策、投資が必要である
- 安定した組織作りのためには、従業員の「実質的な働きやすさ」
  を高める必要がある
- ビジネス環境の変化に対応するには、多様な人材の受け入れ環
  境が必要である
- 従来のビジネスモデルが今後も有効かどうか、多面的に検討す
  る時期を迎えている
- 「自社のSDGs度」を評価し、顧客ニーズへの対応力を知るこ
  とが重要である
- SDGsの推進力を作り出すために、SDGsを参照して企業理念
  を見直す必要がある
- SDGsに具体的に取り組むために、SDGsを参照して経営計画
  を見直す必要がある

SDGsを実践する

この章で学ぶこと

　第4章では、いよいよ SDGs を実践するための具体的な方法について解説します。SDGs としてどのようなテーマに取り組むかは、各企業の自主性に任されています。しかしどのようなテーマの実践にも、押さえるべきポイントがあります。本章は、SDGs に取り組む上で知っておくべき重要なポイントについて解説を行います。

　STEP1 では、SDGs を実践する上で最初に取り組むべき、全社的な SDGs のリテラシー向上について解説します。次に **STEP2** では、自社が取り組むべきテーマを検討するために必要な、ESG 問題のリサーチ方法について解説します。

　取り組むテーマを決定する際には、事前に決定プロセスや考え方の共有が必要です。また、取り組みの妨げとなる要因がないか、実効性は確保できているかの確認が必要です。また、取り組みの決定には目的や成果の明確化が不可欠です。**STEP3** では、取り組むテーマを決定する上でのポイントについて解説します。

　また、取り組みをかけ声で終わらせないためには、さまざまな工夫が必要です。**STEP4** では、SDGs の取り組みを推進させるためのポイントについて解説します。そして、SDGs の実践は自社の自己満足で終わるものではありません。実践を適切な形で発信することで、ビジネスをさらに成長させるチャンスをつかむことができます。**STEP5** ではそのために必要な記録の重要性について解説します。

　また、ビジネスにおける SDGs の実践は多様なステークホルダーとの連携が不可欠です。**STEP6** では連携の重要性と方法論について解説します。最後に、SDGs の実践は一朝一夕でできるものではなく、長期的な取り組みが必要となります。**STEP7** では、SDGs の継続に欠かせないポイントについて解説します。

　SDGs の方法論を理解したところで、次の第5章ではその取り組みを発展させるためのポイントについて解説します。

STEP 1
全社的にSDGsのリテラシーを高める
35   36   37

STEP 2
ESG問題をリサーチする
38   39

STEP 3
取り組みテーマを決定する
40   41   42   43
44   45   46

STEP 4
取り組み推進のポイントを押さえる
47   48   49   50

STEP 5
記録を作成し、活用する
51   52   53   54   55

STEP 6
パートナーシップを築く
56   57

STEP 7
取り組みを持続的に発展させる
58   59   60

リテラシーの向上

35 「ESG問題の総量」に気を配る

　前章では自社の経営やビジネスの方向性を検証してきました。この章からは、いよいよ SDGs の実践を始めることになります。そこで SDGs を実践する上で最初に理解しておくべき、「社内の ESG 問題の抑制」と「社外の ESG 問題の解決」。そしてその 2 つを両立させる、「ESG 問題の総量」という考え方を押さえておきましょう。

　例えばここに、10 個の「社外の ESG 問題」が存在したとします。それに対して、企業が 1 個の ESG 問題を解決したとします。すると、残りの ESG 問題は 9 個になります。しかし、同時にその企業が 2 個の「社内の ESG 問題」を生み出していたとします。すると、社会全体の ESG 問題の総量は「1 減 2 増」で 11 個になってしまいます。

　SDGs のゴールは持続可能な社会とビジネスです。その担い手である企業が社内で ESG 問題を生み出しながら社外の ESG 問題を解決しても、トータルでは ESG 問題の解決に貢献したことにはなりません。**「社外の ESG 問題」の解決に取り組み、それを企業価値につなげることは、「社内の ESG 問題」のしっかりとした抑制が前提となるのです。**これは「守る CSR」と「伸ばす CSR」を両立させることと同じです。

　「社内の ESG 問題」を抑制できないにも関わらず、「社外の ESG 問題」の解決だけを図ろうとすれば、法的、社会的制裁を受けるなどのリスクが高まります。だからこそ、ESG 問題の抑制と解決の両立を図る必要があります。両者のバランスが崩れ、それが重大なリスクにならないためにも、企業は「ESG 問題の総量」に常に気を配り、経営全般のモニタリングを怠らないようにしなければなりません。

SDGsの実践はバランスが重要

ESG問題の「総量」を意識することが重要

社会全体	社外	社内

大気汚染
水質汚染
気候変動
資源の枯渇
サービス残業
環境問題
過疎
いじめ
貧困問題
伝統産業衰退

環境保護

お前は休日出勤な

パワハラ

適当に水増ししといて

不正経理

現在のESG問題の総量	社外で問題解決	社内で問題発生
10	**-1**	**+2**

ESG問題の総量
=11

抑制と解決のバランスは重要な経営課題

社外のESG問題の解決　社内のESG問題の抑制

両者のバランスを失うとさまざまなリスクにつながる

リテラシーの向上

36 SDGsの「全社的学習」を行う

　SDGs の実践は経営者や一部のメンバーだけで行うものではありません。ESG 問題に取り組み、SDGs の実現に近づくには、組織が一丸となって取り組む必要があります。そのため SDGs の実践の第一歩は、経営者を筆頭に「全社的に SDGs を学習する」ことから始まります。

　全社的な SDGs の実践には、自社を構成するメンバー全員の SDGs と ESG 問題に関するリテラシーを高めることが不可欠です。 SDGs は ESG 問題の解決という、1 企業から見ると非常に大きく、抽象的なテーマを扱います。そのため、自社で取り組むテーマを経営計画や各部門、メンバーの業務に落とし込み、各メンバーの「自分ごと化」を図る必要があります。これはメンバー各人の自主性に任せるのではなく、計画的で実務にリンクした研修などを通して、企業の責任で推進することが求められます。

　そして、SDGs は基礎的な知識を習得して終わりではありません。各メンバーが基本的な知識を学び、実践を開始した後も、さまざまな機会を活かして継続的な学習を続けることが重要です。

　現在、SDGs の学習にはさまざまなサービスやツールが用意されています。研修会社の研修サービスのほか、自治体や商工会議所、NPO などの SDGs をテーマにしたセミナーなども選択肢となります。また、学習ツールとしては書籍だけでなく、カードゲームのように楽しみながら学ぶことができるものもあります。

　SDGs の学習方法に決まったやり方はありません。自社の状況に合わせて適切なサービスやツールを選び、全社的な SDGs の浸透を図りましょう。

学習なくしてSDGsなし

SDGsの実践には全社的な学習が不可欠

SDGs研修会　専務　社長　工場長

経営者から率先した学習を

高尚な「あるべき論」ではなく、地に足の着いた学びが重要

今期の生産計画の一部で刑務作業を利用しようかと…

研修で言ってたなぁ

刑務作業品

実践と継続的な学習

今期のSDGs研修会の計画を立てよう

SDGs研修会
「刑務作業を知ろう」
〇月〇日〇時〜　会議室

実務とリンクした学びが社内の意識を変える

SDGsにはさまざまな学び方がある

俺のSDGs　ねこ太郎
よく分かる SDGs大百科
SDGs Card Game
SDGsセミナー開催
〇/〇
〇:〇〇〜
〇〇県

学ぶ側の特性に適した学習方法が重要

リテラシーの向上

37 SDGsの「全社的合意」を形成する

　企業としての組織的な SDGs の実践には、各メンバーが知識を持つとともに彼ら自身がその実践を当然視する、つまり SDGs の実践を「業務として認識する状況」の創出が不可欠です。そのためには、全社的な SDGs の学習と並行して、その実践に関する「全社的合意」を形成する必要があります。

　働く人の多くにとって営業や経理、製造、研究開発といった企業の典型的な業務についてイメージすることはできるでしょう。しかし、それらの業務が SDGs や ESG 問題とどのように関わっているかについては、うまくイメージできないこともあります。だからこそ、「SDGsの実践は業務である」という全社的な合意形成が必要となるのです。

　この合意形成のないままに SDGs を推進しようとすると、社内では「新しい厄介事を押し付けられた」「経営者の道楽だろう」といった不満や批判が生じ、取り組みの実効性が低下するリスクがあります。そのため、丁寧なコミュニケーションによって全社的合意を形成することが重要です。

　合意形成を行う上で注意すべき点は、SDGs の推進を経営計画に記載するといった「上から」のアプローチだけでは、スタッフの自覚や自発性を刺激できず、「やらされ感」の原因となることです。そのため、「なぜビジネスに SDGs が必要なのか？」「業務内容に SDGs がどのように関わるのか？」について、各部門のスタッフが議論することで認識を深める、「水平的な合意形成」に取り組むことが重要です。

　全社的な合意形成は、SDGs 実践の実効性を担保するための重要なポイントです。部門の偏りなく、しっかりと取り組むことが求められます。

SDGsの実践には「業務化」が不可欠

みんなSDGsは「未体験」

未体験のテーマには、相手の立場に立った丁寧な説明が不可欠

合意形成なきSDGsは社内不和の原因に

上からの押し付けはNG

議論を通じた「気づき」が合意形成につながる

日常業務や日常生活とリンクした議論が重要

ESG問題のリサーチ

38 「社内のESG問題」を リサーチする

　SDGs の実践には「社内の ESG 問題の抑制」が必要なため、まず「社内の ESG 問題は何か？」というマテリアリティ（重要課題）をリサーチします。マテリアリティは SDGs の取り組みテーマの「素材」です。

　社内の ESG 問題のリサーチは適用法令の順守状況のチェック、従業員のヒアリング、職場観察などを組み合わせます。リサーチ結果からは社会的、経営的に重要なものをマテリアリティとして抽出します。

　例えば複数あるリサーチ結果を検討し、「営業車の CO_2 排出（E）」、「パワーハラスメント（S）」、「性別による昇進差別（G）」が特に社会と自社にとって問題だと判断した場合、これらが自社のマテリアリティになります。何がマテリアリティとなるかは、事業特性と社内の ESG 問題の状況によります。

　なお、リサーチは次の視点から取り組むと効果的です。

①各部門の業務特性に関連して起き得る ESG 問題は何か？
②スタッフの立場・属性に関連して起き得る ESG 問題は何か？

　①は営業車の運転や機械の操作、会計処理など、業務の特性に関連して起き得る ESG 問題です。運転に伴う交通事故や生産設備からの CO_2 排出、プラントからの未処理汚水の河川への放流、税務当局から租税回避と認識される可能性が高い節税商品の購入などが該当します。

　②は性別や国籍を理由とした昇進差別、立場が弱い新人などへのパワーハラスメント、懇親会や亡くなった創業者の墓参の強要などが該当します。

**　SDGs の実践企業では社内で起き得る ESG 問題を軽視せず、現場の小さな声をもマテリアリティの特定に役立てることが求められます。**

社内のESG問題のリサーチは業務特性と属性に注目

すべての業務にESG問題の可能性がある

☑ **各部門の業務特性に関連して起き得るESG問題は何か？**

これで節税できますよ！

航空機
リース

ウヒヒ…

業務特性に関連したESG問題の例

☑ **スタッフの立場・属性に関連して起き得るESG問題は何か？**

オンナはリーダー
に向かないな

先輩の酒が
飲めないのか！

スタッフの立場・属性に関連したESG問題の例

社内の小さな声に耳を傾けることが重要

実は…

実は…

実は…

至急対策だ!!

小さな声の中にマテリアリティがある

ESG問題のリサーチ

「社外のESG問題」を リサーチする

　マテリアリティの特定は「社外のESG問題の解決」をSDGsの取り組みテーマにするためにも不可欠です。そこで社外のESG問題もリサーチし、テーマ決定の素材となるマテリアリティを特定します。

　社外のESG問題のリサーチは文献調査や関係者へのインタビュー、アンケート、視察などを組み合わせますが、ここで重要になるのがESG問題への「視点」です。自社がSDGsとして取り組むべきESG問題は何かを見極めるためにも次のような視点でリサーチし、マテリアリティを特定します。

①そのESG問題に対して自社の経営資源を活用できるか？
②経営資源の活用が自社と社会の共通の価値になるか？

　①は、ESG問題解決の「実効性の確保」に必要なポイントです。自社の経営資源を活用できない取り組みは単なる経営資源の浪費です。それでは本来解決できたはずのESG問題が置き去りになって、企業価値を創造するチャンスを失ってしまいます。

　②は、ビジネスとして必要なポイントです。非営利活動ではなくビジネスでESG問題に取り組む以上、それが社会だけでなく、自社にとっても何らかの価値をもたらさなければ、取り組みが持続しません。

　社会とビジネス環境の持続可能性のためにも、企業による社外のESG問題の解決はビジネスのプロセスで取り組むことが原則です。 だからこそ、さまざまなESG問題をリサーチすることで経営資源活用の可能性を探り、マテリアリティを特定することが重要になります。

社外のESG問題のリサーチは「視点」が重要

ビジネスで社会に貢献できる方法を考えよう

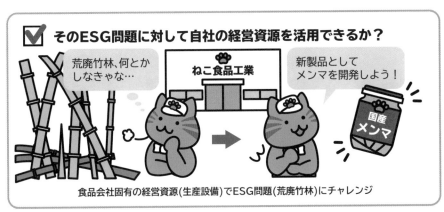

☑ **そのESG問題に対して自社の経営資源を活用できるか？**

食品会社固有の経営資源(生産設備)でESG問題(荒廃竹林)にチャレンジ

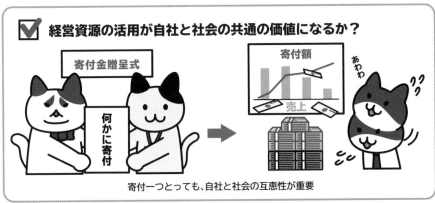

☑ **経営資源の活用が自社と社会の共通の価値になるか？**

寄付一つとっても、自社と社会の互恵性が重要

ビジネスのプロセスに取り込めるマテリアリティを

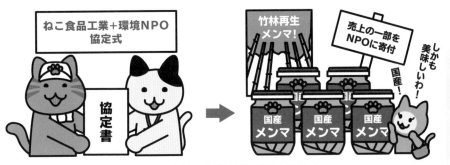

ESG問題のビジネス化が取り組み持続のポイント

ESG問題のリサーチ

40 「テーマの決定プロセス」を共有する

　自社がSDGsとして取り組むべきテーマを決めることは、自社のビジネスの方向性を決めることと同じです。その決定は、経営陣のリーダーシップと責任において行われなければなりません。そこで重要になるのが、「テーマの決定プロセス」を全社的に共有することです。

　決定プロセスの共有とは、経営陣が一方的に取り組みテーマを決定して示すのではなく、決定に先だって経営陣が各部門や従業員と意見交換を行うとともに、取り組みテーマの検討状況を社内に発信することです。決定プロセスの共有は、SDGsに対する従業員の関心を高め、業務イメージを形成するための重要な役割を果たします。

　人は物事の決定プロセスから排除されたり、決定プロセスを知らされることなく一方的に決定事項だけを押し付けられたりすると、疎外感や組織に対する不信感が募り、決定事項の「自分ごと化」が難しくなります。さらに、SDGsは営業や経理のように、多くの人が業務内容をイメージできるものではありません。そのため、「これから何をするのか？」を一方的に決めるのではなく、従業員との決定プロセスの共有を通じて、業務イメージを「共に作り上げる」ことが重要になります。

　取り組みテーマの決定プロセスを共有できなければ、目標の「押し付け」によって従業員の間に「やらされ感」が蔓延します。それは、SDGsの取り組みの実効性が低下するリスクを意味します。このようなリスクを回避し、決定プロセスの共有を着実なものにするためにも、経営陣には従業員との積極的な意見交換に乗り出すことが求められます。

決定プロセスの「見える化」を

「見える化」にデメリットなし

「見える化」が従業員の「自分ごと化」につながる

「見える化」を怠ればSDGsの実効性は低下

「見える化」なきテーマ決定はリスクに

テーマの決定

41 「取り組みテーマ」を決める

　社内／社外の ESG 問題をリサーチして素材となるマテリアリティを特定したら、次はそれらに基づいて自社が取り組むテーマを設定します。テーマは半ば自動的に決まるものと、企業の主体的な設定が必要なものとに分かれます。前者は社内の ESG 問題の抑制が、後者は社外の ESG 問題の解決が該当します。

　社内の ESG 問題の抑制は自社が問題の発生源にならないために行うものであり、テーマは「マテリアリティ＝法令やステークホルダーのニーズ」として半自動的に決まります。

　もう一方の社外の ESG 問題の解決は、特に「アウトサイド・イン」アプローチと呼ばれます。これはテーマ設定で「社外（アウトサイド）の ESG 問題を、自社の経営課題に取り込む（イン）」ことを意味します。例えば高効率のリサイクル技術の開発や障害者雇用のように、ESG 問題を解決する製品の開発、サービスの提供や社会的弱者の支援を取り組みテーマにすることがその典型的なケースです。

　しかし経営資源は有限なため、企業はマテリアリティとして挙げたすべての社外の ESG 問題をテーマにすることはできません。そのため、**アウトサイド・インのテーマ設定では世の中のトレンドに安易に追随するのではなく、マテリアリティの中から自社が本当に取り組むべきテーマを選び抜く主体性が求められます。**この主体性を裏付けるのは、自社の企業理念やパーパス、資金力、組織力、ノウハウ、適切なパートナーシップなどの経営資源です。これらの裏付けがないと取り組みが迷走したり、形骸化するリスクが増加します。アウトサイド・インのテーマ設定はこの点に注意して取り組みましょう。

アウトサイド・インはSDGsのテーマ設定の基本

取り組みテーマは半自動的に決まるものと主体的な設定が必要なものに大別される

CO₂の排出

不法投棄

障害者の雇用

シングルマザーの雇用

パワハラ

コンプライアンス

海洋プラスチック問題

資源の枯渇

社内のESG問題は半自動的に決まる　　　社外のESG問題は主体的に決める

社外のESG問題を「経営課題化」するのがアウトサイド・イン

主体的なアウトサイド・インには経営資源の裏付けが不可欠

テーマの決定

42 「既存事業」「新規事業」に当てはめる

　アウトサイド・インはプロセス志向のビジネスに親和性が高く、伸ばす CSR や CSV、ソーシャルビジネスにも通じる考え方です。取り組みテーマを設定する際、この考え方を「既存事業」と「新規事業」という価値創造のための活動に当てはめると、各事業の方向性は次の3つのパターンに分けられます。

①**既存事業**…**既存事業によって ESG 問題を解決する**
②**新規事業**…**新規事業に ESG 問題の解決機能を実装する**
③**既存事業 + 新規事業**…**既存事業と新規事業のシナジー効果によって ESG 問題を解決する**

　①は、プロセス志向のビジネスの基本です。例えば建設業が工事から発生する CO_2 のカーボンオフセットを顧客に提案したり、小売業がエシカル消費に適した商品を販売するといったテーマ設定が該当します。また、新規事業は「儲かれば何でもよい」というわけではありません。P.106 で示したように、経営資源を ESG 問題へ活用できるかという視点で事業を評価し、新しいビジネスのテーマを追求するのが②です。③は既存、新規事業の両方に ESG 問題の解決機能を持たせるもので、P.28 の企業内保育所が典型的なケースです。既存事業におけるシングルマザー雇用に加え、企業内保育所を開設することで新規事業の開発とシングルマザーの安定的な育児、就労環境を実現し、母子に関する ESG 問題の解決にシナジー効果をもたらします。
　SDGs の実践では、いかにこの考え方をビジネスに当てはめ、既存事業の見直しや新規事業を構想するかが重要になります。**適切なアウトサイド・インを各事業で行い、既存事業の見直しや新規事業を構想できるかが実践の成否のカギを握っています。**

アウトサイド・インを既存・新規事業に当てはめる

事業の方向性には3パターンあり

☑ **既存事業のアウトサイド・イン**

従来の工事を
カーボンオフセットで…

エシカル消費フェア

☑ **新規事業のアウトサイド・イン**

高齢者デイケアのノウハウを
活用できないかな?

発達障害の子どもたちの
放課後デイサービスをやろう!

☑ **【既存事業+新規事業】のアウトサイド・イン**

シングルマザーの
積極雇用!

企業内保育所で継続可能な
就労環境づくり!

子どもがいても
働ける!

IT Neko Inc.
企業内保育所

先生
さよなら〜

テーマの決定

テーマの決定

43 「多くのアイデア」を 集めて絞り込む

　既存／新規事業の主体的な取り組みテーマの設定に重要なことは、幅広いリサーチでマテリアリティとなり得る「より多くのアイデア」を集め、それを一定の基準で「絞り込む」ことです。アウトサイド・インは、従来のビジネスになかった要素を自社の事業に組み込む作業です。しかし、社外（アウトサイド）のどこに自社の経営資源を活かせるテーマが存在するかはわかりません。だからこそ、**テーマを検討するメンバーが従来の常識にとらわれず、自由にアイデアを出せる環境を作ること**が重要です。

　この環境づくりに欠かせないのが、「出てきたアイデアを頭ごなしに否定しない」ことです。多くのアイデアを出すべき段階で頭ごなしの否定が行われれば、メンバーは委縮して有望なアイデアを出すことができません。また、「組織横断的にメンバーを集める」こと、つまりメンバーの多様性も重要です。検討時にメンバーの職位や属性が偏るとアイデアのバリエーションが乏しくなったり、偏りやすくなったりします。

　そして、集めたアイデアをすべて実行することは不可能です。多くのアイデアを集めたら今度は社会的必要性と経営的必要性、そして経営資源を考慮した「実現可能性」を基準に、取り組みテーマを絞り込む必要があります。

　SDGsの実践を通じたESG問題への取り組みは、企業規模の大小や業種に関係なく自社の生存戦略として必須です。そのため、取り組みテーマを検討する会議などでは「やらない理由」を探すのではなく、「自社のビジネスのプロセスで何ができるのか？」という意識をすべてのメンバーが共有することが重要です。より多くのアイデアを集め、取り組みテーマの絞り込みをしっかりと行うことが、企業の生存戦略の精度を高めるのです。

よりよいテーマは多くのアイデアを集めることから

まずはアイデアを出しやすい雰囲気づくりを

従来のビジネスの常識にこだわらない議論が重要

アイデアを頭ごなしに否定するのはNG

多様なアイデアを実現可能性で絞り込む

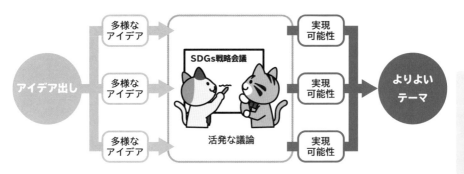

テーマの決定

テーマの決定

44 「妨げとなる要因」を解消する

　取り組みテーマを設定したら、今度はそれを取り組むステップへと移っていきます。しかし企業としてSDGsに取り組もうとしても、そこに「実行力」が伴わなければ、ESG問題の抑制も解決もできません。そこで取り組みの障害となる課題を洗い出し、実行の妨げとなる要因を解消しておく必要があります。その際に重要になるのは、次のようなポイントです。

①**組織力：組織の意思決定が日頃からしっかりと実行されているか？**
②**ヒト：メンバーのSDGs、ESGに関するリテラシーと、合意形成は十分か？**
③**モノ：取り組みに必要な物資、施設（空間）は調達できるか？**
④**カネ：取り組みに必要な資金を調達できるか？**
⑤**コト：ステークホルダーとのパートナーシップはできているか？**

　①組織の意思決定が日頃から現場レベルまで貫徹していなければ、SDGsの実践を業務化することは難しくなります。そして、②役員や従業員のリテラシーと合意がなければ、SDGsの必要性を自覚できず、取り組んだとしても「やらされ感」が蔓延し、充分なパフォーマンスを発揮することはできません。また全社的に意欲が高まっても、③④取り組みに必要な物資や施設、資金を調達する見通しが立たなければ、実際の取り組みを始めることができません。さらに、⑤取り組みテーマによっては自社だけでは実践できないこともあり、社外のステークホルダーとの協力が不可欠な場合もあります。
　洗い出した課題の中には、自社だけの解決が難しいものもあります。その場合は自社だけで悩むのではなく、早期に専門家に相談しましょう。

取り組み時の課題は事前に把握を

課題の把握はシビアに

☑️ **組織力：組織の意思決定が日頃からしっかりと実行されているか？**

意思決定から実行までの貫徹

☑️ **ヒト：メンバーのSDGs、ESGに関するリテラシーと、合意形成は十分か？**

リテラシーと合意形成の確立

☑️ **モノ：取り組みに必要な物資、施設(空間)は調達できるか？**

物的資源の確保

☑️ **カネ：取り組みに必要な資金を調達できるか？**

資金の裏付け

☑️ **コト：ステークホルダーとのパートナーシップはできているか？**

パートナーシップの構築

積極的な専門家などの活用を！

45 「取り組みの目的」を明確にする

　組織ではしばしば「目的は何か？」が忘れ去られます。SDGs も同じで、本来の目的が忘れ去られ、取り組みが形骸化するリスクが常にあります。そのため企業では、**SDGs への取り組みによって「どのような価値を実現するのか？」を明確にして、メンバー間で共有することが重要です**。その際、設定した取り組みテーマにおいて実現する価値を次のような視点で整理すると、共有がしやすくなります。

①実現する経済的価値…直接的な経済的価値か、間接的な経済的価値か？
②実現する社会的価値…ESG 問題の抑制か、解決か？
③実現する価値と SDGs との関連性…実現する価値が SDGs のどの目標と関係するか？

　①は、取り組みの目的が売上などの「直接的な経済的価値」の向上なのか、それとも採用の円滑化などの「間接的な経済的価値」の向上なのかを明確にすることです。
　②は、取り組みの目的が社屋の CO_2 排出量削減のような「社内のESG 問題の抑制」なのか、それとも海洋プラスチックの回収技術の開発や働く障害者の生産性を高めるデバイスの開発のような「社外のESG 問題の解決」が目的なのかを明確にすることです。
　そして、社内への SDGs の浸透と社外への説明のために、③を明確にする必要があります。
　①～③の要素が１つでも欠けていると、取り組みの本来の目的を見失い、SDGs の実践が形骸化します。そのようにならないためにも、企業はメンバーに対して SDGs の取り組みによって実現する価値を明確にし、共有することが求められるのです。

取り組みを形骸化させないために必要なこと

実現する価値の明確化が重要

☑ **実現する経済的価値…直接的な経済的価値か、間接的な経済的価値か？**

売上

ぜひ御社で働かせてください！

価値が直接的/間接的かを明確に

☑ **実現する社会的価値…ESG問題の抑制か、解決か？**

ESG問題の抑制/解決かを明確に

☑ **実現する価値とSDGsとの関連性…実現する価値がSDGsのどの目標と関係するか？**

当社の取り組みは…

海洋プラスチック回収技術

実現する価値とSDGsの関係性を明確に

やるぞ！SDGs！

何のためにやるんだろう？

実現価値があやふやだと形骸化しやすい

実現する価値の共有が不可欠

実現する価値に向かってGO！

売上

テーマの決定

46 「KPI（成果指標）」を設定する

ビジネスの他の活動と同じく、SDGsにおける取り組みテーマの実行においても「成果の評価」は必須です。**適切な評価がなければ、「自社の取り組みがESG問題に対して効果があったのか？」や「経営資源を有効に活用することができたのか？」が明確にならないからです。**

そのため、取り組みテーマの実行前に「何を成果として考えるのか？」というKPI（Key Performance Indicator: 成果指標）を決める必要があります。KPIは「これができたら成功だ」と評価することのできる判定基準で、一般的に「SMART」という要素が求められます。

S（Specific）………**明確性。目指す成果が具体的でわかりやすいか？**
M（Measurable）…**計量性。客観的な数値で成果を評価できるか？**
A（Achievable）……**達成可能性。現実的な努力で達成できるか？**
R（Relevant）………**関連性。成果と指標の間に関連性はあるか？**
T（Time-bound）…**期限。目標とすべき達成期限を設けているか？**

例えば「世の中に役立つ製品を作る」という抽象的な成果を設定しても、具体的な行動にはつながりません。目指す成果には具体性が求められ、その評価には客観性が不可欠です。それ故、指標はできる限り「数値化できること」が求められます（S、M）。また、目指す成果が現実離れしたものでは取り組みが形骸化します。目指す成果は、ビジネス環境と現場の実情を反映させ、現実的な努力で達成できるものでなければなりません（A）。そして、成果と指標に関連性がないと、成否の判定を誤ることになります（R）。最後に、取り組みがかけ声倒れで終わらないために、達成期限を決めておくことが必要です（T）。

KPIはSDGsの実践の評価に不可欠です。そのため、取り組み前にしっかりと検討し、設定しておく必要があります。

KPIがなければ取り組みの有効性が評価できない

KPIは取り組み時にしっかり設定を

Specific…明確性
目指す成果が具体的でわかりやすいか？

やるぞ！

寄付つき缶詰
売上増

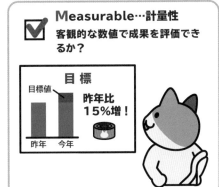

Measurable…計量性
客観的な数値で成果を評価できるか？

目標
目標値
昨年比
15%増！
昨年　今年

Achievable…達成可能性
現実的な努力で達成できるか？

目標が示されました

これなら達成できそうだな！

Relevant…関連性
成果と指標の間に関連性はあるか？

リピート率が高いですね！

リピート率
売上

でもKPIは売上じゃん

Time-bound…期限
目標とすべき達成期限を設けているか？

まだまだ頑張るぞ！

寄付つき缶詰
売上15%売上増

第3四半期
終了時に実現!!

目標
世の中に役立つ
製品を作る

？？

KPIがないと取り組みの形骸化に

テーマの決定

取り組みの推進

「働き方の多様化」を実現する

SDGs の取り組みテーマと、それによって目指すべき価値や成果指標が決まったら、いよいよ SDGs の取り組みを開始していきます。その際、取り組みを促進するための基礎となるのが自社における「働き方の多様化」です。企業は次の 2 つの考え方に基づいて、従来の固定的な働き方を可能な限り多様化させる必要があります。

①職場からの解放…業務特性に応じて、従業員が主体的に働く場所を選択できるか？
②時間からの解放…ライフステージに応じて柔軟に勤務時間を選択できるか？

ビジネスでもっとも重要なことは「成果」であり、「出社」ではありません。①在宅勤務やワーケーション（休暇先勤務）など、従業員が生産性を高めやすい勤務場所を選択できるようにすることは、パンデミック対策や自社の生産性の向上、通勤災害リスク、通勤時の CO_2 排出量、交通費の削減など、相互連関的な SDGs の実践につながります。

また、仕事は「時間内の成果」が重要であり、「従業員を特定の時間帯に拘束すること」は重要ではありません。育児などで 9 時〜 18 時という固定的・連続的な時間帯での勤務が難しい従業員のためにも、短時間勤務や勤務時間の分割（分断勤務）を行うことは、②につながります。

各種リスクの低減と生産性・働きがいの向上につながる「働き方の多様化」は、自社の SDGs の推進を支える重要な取り組みです。**なお、実行にあたっては労働法の順守が前提となるため、社会保険労務士や弁護士の支援を受けて進めることが重要です。**

SDGsの実践は働き方の多様化から

古い「常識」から働き方を解放する

☑ 職場からの解放
業務特性に応じて、従業員が主体的に働く場所を選択できるか？

エコロジカル＆エコノミカル！

CO_2排出量　交通費

出社の「必要性」を再考する時代に

☑ 時間からの解放
ライフステージに応じて柔軟に勤務時間を選択できるか？

親の介護に行ってきます

ごくろうさま〜

申請書 時短勤務

介護時間

特定の時間帯に拘束するより、時間内の成果が重要

働き方の多様化は専門家の支援活用を

どこから手を付けたらいいのか…

こういう時は専門家に相談だ！

うーむ

就業規則

社会保険労務士事務所

弁護士事務所

働き方の多様化はコンプライアンスと密接な関係がある

取り組みの推進

取り組みの推進

48 「担当者の業務範囲」を明確にする

　SDGs の実践を「画餅」にしないためには「担当者」を選任して、取り組みをマネジメントする必要があります。これはスタッフを集めて部門化する場合もあれば、各部門に兼務担当者を配置したり、経営者自身が務めたりする場合もあります。重要なことは、次のような業務範囲の明示と業務権限を付与して選任することです。

業務① ESG 問題の「抑制」状況のチェックと対策
業務② ESG 問題の「解決」状況のチェックとリソースの調達
業務③ 社内外における SDGs「推進」状況の共有・情報提供
業務④ SDGs、ESG 問題に関する情報収集と分析

　①は、自社が ESG 問題の発生源にならないための業務です。これには労務やコンプライアンスなども関わるため、他部門との連携が視野に入ります。

　②は、取り組みテーマの推進に必要なヒト、モノ、カネ、情報などのリソースを社内外から調達する業務です。社外のステークホルダーとの交渉や、パートナーシップの獲得なども含まれます。

　③は、SDGs の実践を日常業務に埋没させないための業務です。推進状況を全社的に共有するための情報提供と、社外への情報発信が主な取り組みになります。

　④は、他社の優れた取り組みを学び、それを社内に還元して、自社の取り組みを加速させるための業務です。そのため、外部での積極的な情報収集が求められます。

　専任、兼務を問わず、選任の成否は業務範囲の明示と業務権限の付与にかかっています。これらが欠けると、担当者がいても取り組みが形骸化するので注意が必要です。

担当者を選任して取り組みのマネジメントを

担当者の仕事は多岐にわたる

ESG問題の「抑制」状況の チェックと対策

目標の達成状況は…

CO₂排出量

残業時間

ESG問題のチェックが業務のキホン

ESG問題の「解決」状況の チェックとリソースの調達

では次回は 協定書の調印を

よろしく お願いします！

組織的なSDGsの実践を加速させる

社内外におけるSDGs「推 進」状況の共有・情報提供

CSRレポート

(株)○○

社内報

経理部のSDGs

社内外へのSDGsの情報提供と発信

SDGs、ESG問題に関する 情報収集と分析

御社では…

SDGs セミナー

情報収集が自社のSDGs推進にヒントをもたらす

業務範囲の明示と業務権限の付与が選任の成否を決める

担当になりました！

みなさん、よろしく お願いします！

辞令

業務分掌規程

担当者を社内の制度にしっかり位置付ける

取り組みの推進

125

取り組みの推進

49 「サプライチェーンの全体像」を把握する

　従来サプライチェーンマネジメントのテーマは、仕入先、販売先との安定的な関係や、サプライチェーンの効率的な構築でした。しかし**SDGsの実践においては、ESG問題に自社だけで取り組むのではなく、「サプライチェーン全体で取り組む」努力が必要になります。**そのためには、次のような方法でサプライチェーンの全体像を把握し、改善のきっかけを作ることが重要です。

①自社の製品、サービスのサプライチェーンをマップ化する
②マップと各種リサーチ結果をもとに、各プロセスで起き得るESG問題と影響を想定する

　ESG問題が深刻化し、SDGsの後押しによってCSR調達やエシカル消費の社会的ニーズが高まると、企業もまた、サプライチェーン全体のESG問題への対応状況に無関心ではいられなくなります。そのためサプライチェーンの1プロセスを担う企業であっても、仕入先や販売先の協力を得ながら、①のマップ化によってサプライチェーンを「見える化」する必要があります。

　そして、これまでのSDGsに関するリサーチ結果や取引先から提供された情報、所属業界の既知の知見などを組み合わせて、②各プロセスで起き得るESG問題を想定し、「各プロセス→自社」「自社→各プロセス」への影響や、その対応策を検討します。

　ただし、一般的に多くの企業ではESG問題という自社のリスク情報の公開には消極的です。そのため、サプライチェーン全体におけるESG問題の想定には「限界」があります。これを補完するためには、信用調査会社の利用や地域社会、業界内での対象企業の評価などを参考にすることが望まれます。

サプライチェーン全体の把握が改善の第一歩

製造業のサプライチェーンで起き得るESG問題の例

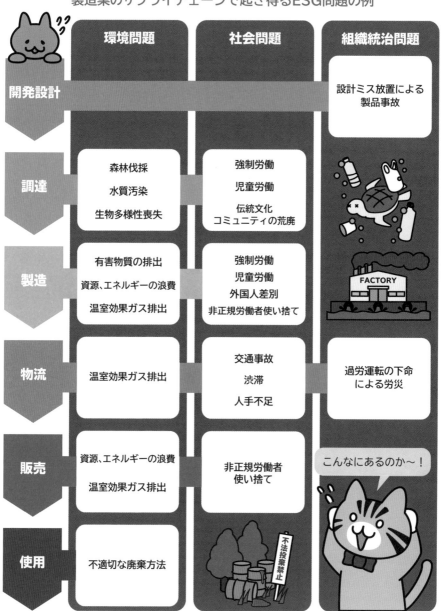

	環境問題	社会問題	組織統治問題
開発設計			設計ミス放置による製品事故
調達	森林伐採 水質汚染 生物多様性喪失	強制労働 児童労働 伝統文化 コミュニティの荒廃	
製造	有害物質の排出 資源、エネルギーの浪費 温室効果ガス排出	強制労働 児童労働 外国人差別 非正規労働者使い捨て	
物流	温室効果ガス排出	交通事故 渋滞 人手不足	過労運転の下命による労災
販売	資源、エネルギーの浪費 温室効果ガス排出	非正規労働者使い捨て	
使用	不適切な廃棄方法		

こんなにあるのか～！

自社が各プロセスから受ける/各プロセスに与える影響を想定する

取り組みの推進

取り組みの推進

50 「サプライチェーンの 今できること」に着手する

　サプライチェーン全体で ESG 問題に取り組むとしても、現実問題として中小企業がサプライチェーンの他プロセスに与えられる影響は小さいものです。しかしサプライチェーンマネジメントの改善を怠れば、自社が他プロセスの ESG 問題に巻き込まれ、SDGs を推進する他社に差をつけられるリスクが高まります。だからこそ、企業はどれだけ小さなことであったとしても、次のような「今できること」に着手し、適切にリスクを管理することが求められます。

① ESG 問題の抑制／解決に有益な事務用品、サービスを調達する
② ESG 問題の抑制／解決に有益な仕入れを優先する
③仕入先に ESG 問題の抑制／解決に有益な商品の仕入れを要望する
④販売先に ESG 問題の抑制／解決に有益な商品を提案する

　売上の一部を社会貢献活動に還元する新電力への契約切り替えや授産所への名刺や封筒の発注など、中小企業でも取り組める①は、探してみると案外多くあるものです。難易度が低く、改善の最初のステップに適しています。またビジネスの中核部分でも、原材料由来のESG 問題などに配慮した仕入先を開拓し、②に取り組むことも重要です。さらに③のように、自社が現在の仕入先に対して積極的にアプローチすることも重要な改善手法です。そしてサプライチェーン全体で ESG 問題に取り組むには、顧客や消費者などの販売先にも、CSR調達やエシカル消費として④のような提案をすることが必要です。

　一連の改善は一朝一夕ではできません。しかし、**小さくてもその時にできることを怠らずに着実に積み上げれば、健全なサプライチェーンの実現に確実に貢献します。**その「先行者利益」を得るためにも、積極的なチャレンジが求められます。

限られた影響力の中で最善の努力を尽くす

サプライチェーンマネジメントの改善は小さなことをコツコツと

☑ ESG問題の抑制/解決に有益な事務用品、サービスを調達する

封筒の印刷を…

授産所

☑ ESG問題の抑制/解決に有益な仕入れを優先する

CSR調達を考えると…

紛争地帯にカネが流れると…

内戦中

A国産 12.5万円/トン

B国産 14.5万円/トン

☑ 仕入先にESG問題の抑制/解決に有益な商品の仕入れを要望する

再生ポリエステル扱ってくれない？

ウチもエシカル製品作りたいから…

☑ 販売先にESG問題の抑制/解決に有益な商品を提案する

エシカルファッションの取り扱いを始めませんか？

改善は時間が必要だからこそ、気付いたらチャレンジ

一層CSR調達を強化するので…

準備できています！

準備しておけばよかった…

御社にはこれまで以上に頑張ってもらいますよ！

neko and...

今度このお店行ってみよう！

♡♀◁
いいね！
エシカルファッション始めました

着実な改善の努力は先行者利益につながる

取り組みの推進

129

記録の作成と活用

51 SDGsの取り組みを「記録」する

　企業として SDGs に取り組む以上、その実践は「業務」となります。設定した取り組みテーマの KPI を着実に達成するためには、成果に至るまでの業務プロセスをしっかりと管理する必要があります。そのカギとなるのが、業務プロセスの管理に必須となる「記録の作成」です。**記録は、記録作業自体が目的ではありません。記録を「ビジネスに役立てる」ことが目的です。**そのため、記録作業自体が煩雑にならず、後で活用できるように、記録方法や項目について次のような配慮が必要となります。

①取り組みを 5W1H で記録しているか？
②業務日報などの既存の書式に簡単に追加できるか？
③取り組み結果を可能な限り数値化して記録しているか？
④取り組み結果から読み取れる事柄を分析し、記録しているか？
⑤関与したステークホルダーを記録しているか？

　文章技法の基本である①は、正確な記録に必須の考え方です。ただし、担当者や場所が固定されている場合は、一部を省略しても問題ありません。燃料の消費量のように推移の把握が重要なテーマは、頻繁な記録を必要とするため、②は重要なポイントです。また、記録は KPI と密接に関わるため、③も重要なポイントになります。そして、数値だけでは結果の「意味」がわからず、今後に役立てることが難しくなるため、記録時点での④の分析も必要です。そして正確な記録には、誰が取り組みに関わったかという⑤の把握も重要です。自社以外に関与したステークホルダーや、果たした役割も記録しましょう。

　適切な記録は、SDGs の発信や改善に不可欠です。記録を業務化できるように、「現場目線」での配慮、工夫を行いましょう。

しっかりした記録の作成がSDGs評価のカギ

記録は活用可能な形で作成を

☑ 取り組みを5W1Hで記録しているか?

5W1H
What
Who
When
Where
Why
How

☑ 業務日報などの既存の書式に簡単に追加できるか?

営業日報

〇月〇日

本日の使用燃料
ℓ

☑ 取り組み結果を可能な限り数値化して記録しているか?

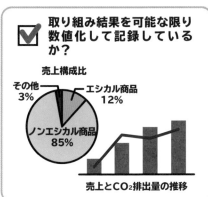

売上構成比

その他 3%
エシカル商品 12%
ノンエシカル商品 85%

売上とCO₂排出量の推移

☑ 取り組み結果から読み取れる事柄を分析し、記録しているか?

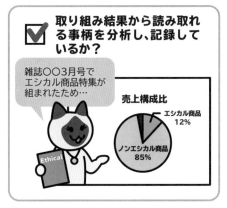

雑誌〇〇3月号でエシカル商品特集が組まれたため…

売上構成比

エシカル商品 12%
ノンエシカル商品 85%

Ethical

☑ 関与したステークホルダーを記録しているか?

活動報告書

〇月〇日

参加したステークホルダー
生産者Aさん

まだまだ改善の余地があるなぁ

このデータによれば…

報告書　報告書

記録の作成と活用

SDGsの取り組みを 「会計面から評価」する

　企業にとってSDGsの実践は、ビジネスと一体です。社会性や環境性だけでなく、その取り組みの「経済性」が非常に重要な課題となります。SDGsを実践する上での経済性や経営資源活用の効率性を高めるためには、次のような方法で取り組みの有効性を「会計面から評価」することが必要になります。

① ESG問題の抑制／解決にかかったコストを取り組みテーマごとに集計して評価する
② ESG問題の抑制／解決から得た収益または削減できたコストを取り組みテーマごとに集計して評価する

　①と②の集計結果をKPIの達成状況と組み合わせることで、取り組みの費用対効果の検討が可能になり、改善のきっかけ作りができます。
　集計の際には、取り組みテーマに関連する支出や収入について、その旨がわかる補助科目を設けて記帳するなどの工夫が必要です。また、他の事業にも使用する施設のエネルギーコストのように正確な計算が難しいものは、取り組みテーマがビジネス全体に占める比重を考慮して、妥当と考えられる按分比率を設定し、計算します。
　他にも、実際の支出や収入の伴わないボランティア活動を「のべ参加人数×自社の平均日額賃金」などで計算してその貢献度を評価したり、SDGsの実践がメディアに取材された場合はそれを広告料に換算したりするなど、会計的視点は取り組みの評価に重要です。
　SDGsはビジネスに不可欠です。だからこそ「経済性が低いからやらない」ではなく、「いかに経済性を高めるか」という考え方が重要です。**SDGsの実践では、会計面の評価結果を踏まえ、継続的な経済性改善の努力が求められます。**

SDGsの取り組みを会計面から評価する重要性

取り組みテーマを補助科目にすると集計が簡単に

☑ ESG問題の抑制/解決にかかったコストを取り組みテーマごとに集計して評価する

補助元帳
科目：修繕費　補助科目：LED照明交換

伝票日付	伝票番号	相手科目	税区分	借方金額	貸方金額	残高	摘要	発生部門
○月○日	00-000	--------	--------	0,000	0,000	0,000	--------	--------
○月○日	00-000	--------	--------	0,000	0,000	0,000	--------	--------
○月○日	00-000	--------	--------	0,000	0,000	0,000	--------	--------

ESG問題の抑制/解決コストの集計

☑ ESG問題の抑制/解決から得た収益または削減できたコストを取り組みテーマごとに集計して評価する

補助元帳
科目：売上　補助科目：エシカル商品

伝票日付	伝票番号	相手科目	税区分	借方金額	貸方金額	残高	摘要	発生部門
○月○日	00-000	--------	--------	0,000	0,000	0,000	--------	--------
○月○日	00-000	--------	--------	0,000	0,000	0,000	--------	--------
○月○日	00-000	--------	--------	0,000	0,000	0,000	--------	--------

ESG問題の抑制/解決収益または削減コストの集計

実際の収支が発生していない取り組みは「換算」して評価する

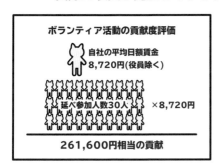

ボランティア活動の貢献度評価

自社の平均日額賃金
8,720円(役員除く)

延べ参加人数30人　×8,720円

261,600円相当の貢献

すごい得した!!

突撃！SDGs実践企業

TVCM料金表

「換算」することで見える価値がたくさんある

記録の作成と活用

記録の作成と活用

53 SDGsの取り組みを「見える化」する

SDGs は本来、企業の全部門、全業務領域で行う取り組みです。し**かしその取り組みが特定の部門、メンバーに偏ると、しばしば自分の業務のみに集中して周囲が見えなくなる「タコつぼ化」という弊害が生じます。**こうなってしまうと、必要な連携や第三者の意見を聞き入れて取り組みを改善することが難しくなったり、取り組みの一体感や「見られている」「評価される」という緊張感、期待感が失われ、全社的なパフォーマンスが低下したりします。そのためSDGsの実践では、そのプロセスを社内で「見える化」することが重要になります。見える化で基本となるアクションは、次の通りです。

①朝礼や経営報告会など、全社が集まる機会に実践状況を共有する
②部門単位や部門間の会合で集まる機会に実践状況を共有する
③定期的に全社で利用するメディアで実践状況を共有する
④日常的に全社で利用するメディアで実践状況を共有する

組織の規模が大きい場合、頻繁にメンバーが集合することは難しいため、①は全社的な見える化の大きなチャンスとなります。また、部門間でも個人レベルでも他部門、他の同僚への関心が失われてタコつぼ化するリスクがあるため、②は日常的に行う必要があります。さらに③のように定期的に発行する社内報や、④のように日常的に利用するグループウェア、日報などを活用し、「文字」によって報告・共有を行うことで記録の蓄積が進み、全社的な理解が深まります。

SDGs の実践プロセスの見える化が進むと、パフォーマンス低下の予防だけでなく、自社の価値観を伝える研修、社史の編さんなどにも活用できます。そのため、見える化にはしっかりと取り組むことが求められます。

「見える化」でSDGsの「タコつぼ化」を回避する

タコつぼ化を防ぐ4つのポイント

☑ 朝礼や経営報告会など、全社が集まる機会に実践状況を共有する

当社のSDGsの取り組みは現在〜

全社が集まるタイミングで共有

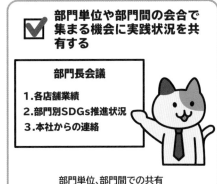

☑ 部門単位や部門間の会合で集まる機会に実践状況を共有する

部門長会議

1. 各店舗業績
2. 部門別SDGs推進状況
3. 本社からの連絡

部門単位、部門間での共有

☑ 定期的に全社で利用するメディアで実践状況を共有する

社内報

〇〇営業所のSDGs活動が地元TVで取材されました！

定期的に利用される全社メディアでの共有

☑ 日常的に全社で利用するメディアで実践状況を共有する

取材来るんだ〜

社内グループ
5. その他報告事項
健康経営の推進について地元〇〇新聞からの取材申し入れあり

日常的に利用される全社メディアでの共有

「見える化」＝記録の蓄積

わが社のSDGsは経営理念と〜

経営理念研修

カリカリ不動産40年の歩み

ねこ商会 20年史

持続可能性へのチャレンジ

見える化から生じる資産はさまざまな形で応用可能

記録の作成と活用

54 SDGsの取り組みを「見せる化」する

　これまで P.74、P.130、P.134 で、SDGs の実践における「記録の重要性」について説明してきました。SDGs 実践の「記録」は、企業にとって現預金や機械設備と同様の「資産」です。**この「記録」という「資産」は社外に「見せる化」することで、ステークホルダーからの「選ばれるチカラ」となります。**

　「見せる化」のもっとも基本的な方法が「サステナビリティ（持続可能性）レポート」の発行と自社メディア、店舗などにおける SDGs の取り組みの発信です。このレポートは「CSR レポート」などの名称で発行されることもあり、自社における一定期間の ESG 問題の抑制／解決状況を公開するためのレポートです。投資家、顧客、採用活動向けなど、編集方針はその利用目的によって異なります。

　一方、レポートは作成に時間を要するため、並行して「日常的な見せる化」が必要です。これまでの記録に基づいた自社サイトや SNS での発信、店舗のポップやチラシなどの販促ツールを通じた発信などが、その典型的な取り組みです。店舗における発信は、エシカル消費の促進にもなります。

　ESG 問題の深刻化と SDGs の登場により、BtoB の顧客は CSR 調達などで取引先の社会性を、BtoC の消費者はエシカル消費などで消費行動の社会性を重要視するようになりました。また、将来の従業員である学生などの企業選びの基準も変わり、企業には経済的安定性だけでなく、ワークライフバランスや仕事の社会的意義、人間的成長の機会が求められています。

　しかし、自社がどれだけ SDGs の実践を通じて彼らのニーズに応える準備ができていても、「見せる化」ができていなければ、彼らにとっては存在しないことと同じです。だからこそ、企業は記録に基づいた見せる化に取り組み、選ばれるチカラを高める必要があるのです。

「見せる化」は「選ばれるチカラ」を作る

記録をステークホルダーに合わせて「見せる化」する

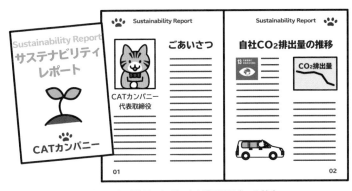

サステナビリティレポートは「見せる化」の基本

レポート以外の方法で日常的な「見せる化」を

「見せる化」なくして選ばれるチカラなし

記録の作成と活用

55 「第三者評価」に挑戦する

　SDGsの推進は「企業の社会性」を高めます。そして、企業が自社の社会性の高さを「てこ」にすることによって、さまざまなメリットを引き出すことが可能になります。このような流れを加速させるためのポイントになるのが、国や自治体などの第三者による認証、認定といった「第三者評価」へのチャレンジです。

　従来、ビジネスの社会性に関する第三者評価は、「環境マネジメントシステム」のような環境経営領域が主流でした。しかし現在では、男女共同参画、人材育成、健康経営、働き方改革、地域貢献、CSRなど、SDGsの各目標に関わるテーマに対しても行われています。

　第三者による第三者評価は自社におけるSDGsの取り組みの「見せる化」の一種であり、対外的な信頼性と認知度の向上に役立ちます。それは信頼される企業として、採用や新たなパートナーシップ構築の機会を増やし、ビジネスチャンスにつながっていきます。

　また、全社的合意に基づき、SDGsの実践が従業員の中で「自分ごと化」されている企業では、第三者から評価されることで従業員のモチベーションの向上にもつながります。一部には顕著な功績によって顧客から表彰される商慣習がある業界もありますが、多くの業界ではビジネスの日常的な活動を社外から評価される機会はほとんどありません。だからこそ第三者評価で従業員が「褒められる機会」を作ることは、モチベーション向上によるSDGsの実践を加速させるための重要なポイントです。

　SDGs実践の記録という「根拠」が整っていれば、第三者評価へのチャレンジはそれ程難しくありません。さまざまなメリットを引き出すためにも、積極的に第三者評価にチャレンジしてみましょう。

第三者に経営内容を見せることができるレベルへ

第三者評価は自社の信頼性を高めるチャンス

自社の社会性を試すチャンスが増えている

SDGsが自分ごと化されていれば、第三者評価が従業員のモチベーションの向上に

記録が整っていれば、第三者評価は簡単にチャレンジ可能

パートナーシップの構築

「パートナーシップ」を構築する

SDGsの実践では、これまで企業がビジネスの範囲だと認識していなかったESG問題を経営課題化する必要があります。しかし多くの企業では経営課題化のためのノウハウが不足しがちで、アウトサイド・インでは特にその傾向が顕著になります。そのため、実際にESG問題を経営課題化するためには、次のような社外のパートナー（ステークホルダー）とのパートナーシップが重要になります。

①同業他社、業界団体
②異業種他社
③民間非営利セクター（NPO、市民団体、NPOセンター、市民活動推進センターなど）
④公的セクター（自治体、商工会議所など）

例えば事業活動のCO_2削減のように業界全体で取り組むべきESG問題は、①に呼び掛けて取り組むことで大きな効果をもたらします。地域の防災のような地域社会のESG問題は、業種の枠組みを超えて②に協働を呼び掛けることで、各企業の負担を軽減しつつ、取り組みの効率性を高めることが可能になります。また、アウトサイド・インに取り組もうとしても、そもそもESG問題の当事者との接点がない場合は、③とのパートナーシップが重要な役割を果たします。②や③との接点がない場合は、④に相談して仲介を依頼し、パートナーシップ構築のきっかけを作る必要があります。

SDGsの目標17は「パートナーシップで目標を達成しよう」です。自社単独でのESG問題への取り組みには限界があります。**社会と自社の持続可能性のためにも、ビジネスの古い常識にこだわらず、積極的なパートナーシップの構築が必要です。**

140

SDGsの実践は多様なパートナーと共に

主なパートナーの候補

☑ **同業他社、業界団体**

業界内のパートナーシップ

☑ **異業種他社**

地域のパートナーシップ

☑ **民間非営利セクター**
（NPO、市民団体、NPOセンター、
市民活動推進センターなど）

非営利セクターとのパートナーシップ

☑ **公的セクター**
（自治体、商工会議所など）

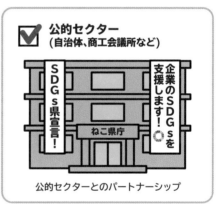

公的セクターとのパートナーシップ

自社から動き出すことがパートナーシップ構築に重要

まずは社外のステークホルダーに声掛けを

57 「パートナーからの信頼」を獲得する

SDGsの推進には、P.140で示したパートナー（ステークホルダー）とのパートナーシップの構築が不可欠です。パートナーシップの構築は「パートナーから信頼されること」が前提となりますが、信頼の獲得は容易ではありません。企業としてパートナーからの信頼を得るには、次のような行動の積み重ねが必要になります。

①パートナーの活動に関心を持ち、日常的なコミュニケーションを取る
②相手の取り組みを支援する
③パートナー以外のステークホルダーも尊重し、軽視・冷遇しない
④安易な「損切り」をしない

パートナーとの信頼関係の構築には「時間」を要します。この時間を①に充てることが、信頼を得る第一歩です。そして、単にコミュニケーションを積み重ねるだけでなく、②としてサービスの利用や寄付、ボランティア、あるいは支援者の紹介などによって先に実利を提供する、いわゆる「先義後利」がさらなる信頼につながります。

また、地域の会合などでパートナー以外に接する場合は、直接的利益になるか否かとは関係なく、③のように誠実に接する必要があります。これは自社の企業倫理を実践するとともに、彼らのパートナーへの影響力を考慮する必要があるからです。そして、パートナーがすぐに自社にメリットを提供しないからといって、④のように関係を断ち切れば、不誠実な企業として社会的批判を受け、信頼を損ないます。

パートナーからの信頼を得るには、役員、従業員とも近視眼的思考に陥らず、時間をかけて誠実な行動を積み重ねることが何よりも重要です。

パートナーシップには何よりも「信頼」が重要

誠実で礼儀正しい行動を

✅ パートナーの活動に関心を持ち、日常的なコミュニケーションを取る

みなさんはどんな活動を？

今度見学にいらしてください！

相手への関心が信頼への途

✅ 相手の取り組みを支援する

賛助会員になります！

ありがとうございます！

支援が信頼を築く

✅ パートナー以外のステークホルダーも尊重し、軽視・冷遇しない

私たちの取り組みは…

ぷいっ

なんなんだあの会社は

無礼な行動は信頼を損ねる

✅ 安易な「損切り」をしない

今年のNPOの賛助会費ですが…

あのNPOは役に立たないからな〜

近視眼的な損得判断は信頼獲得にマイナス

信頼は重要な「資産」

子供食堂

あの会社は地域で頑張ってますね〜

地域であの会社を応援したいですね！

具体的な行動だけが信頼を作る

取り組みの継続

58 「バリエーション」を拡充する

　ESG問題の抑制／解決に取り組み、成果を収めたとしても、SDGsの実践がそこで終わりというわけではありません。なぜなら、自社と社会を脅かすESG問題は依然として数多く存在するからです。**SDGsの実践では1つの成功に安住せず、取り組みのバリエーションを拡充し、新たな成長可能性とリスクの低減にチャレンジすることが重要です。**この拡充の方向性は、次のような考え方になります。

①既存の取り組みを直線的に発展させる
②既存の取り組みと親和性が高いテーマに取り組む
③既存の取り組みで得たノウハウを応用して新たなテーマに取り組む

　成功を収めた取り組みテーマであってもそれをさらに改善し、現実的な努力でより高い目標(いわゆる「ストレッチ目標」)を追求するのが①です。例えば従来から取り組んできた障害者雇用や1拠点の試験的なエコカー導入を他拠点に拡大するなどが該当します。

　成功を収めた取り組みテーマと親和性の高いテーマ、例えば施設のエネルギー使用量の削減に次いで、施設の廃棄物の排出量を削減することでESG問題をさらに緩和させることや、P.28のシングルマザー雇用とリンクした企業内保育所の開設などが②に該当します。

　また、SDGsの推進で得られたノウハウやパートナーシップを活用して新規事業に取り組むのが③です。例えば、廃棄物処理業者が蓄積した環境経営のノウハウやネットワークを活かし、CSRのコンサルティング事業に取り組むなどです。

　取り組みのバリエーション拡充は、SDGsの時代の生存戦略に必須です。1つ成功したら、スピード感を持って次のESG問題の抑制／解決にチャレンジしましょう。

1つの成功に安住せず、さらなるチャレンジが重要

取り組みのバリエーションは3タイプある

☑ **既存の取り組みを直線的に発展させる**

既存のテーマをさらに発展させる

☑ **既存の取り組みと親和性が高いテーマに取り組む**

既存のテーマに関連するテーマに取り組む

☑ **既存の取り組みで得たノウハウを応用して新たなテーマに取り組む**

培ったノウハウを新たなテーマに応用する

取り組みの継続

59 「新しいメンバー」を育成する

　企業は継続的な運営を前提として構成されている組織です。そして、その運営の継続性を保つのは企業の構成メンバーの存在です。しかし、そのメンバー構成はさまざまな理由で変動します。その結果、企業によるSDGsの実践に組織的な意思が継続せず、取り組みの実効性が失われるリスクが常に存在します。

　このようなリスクを回避するため、**企業は1度SDGsを学習して終わりにするのではなく、「新しいメンバー」がSDGsを学ぶ機会を社内教育に組み込む必要があります**。そのポイントとなるのは、次の3つのタイミングです。

①新卒採用時
②中途採用時
③昇格時

　新卒者には自社のSDGsの担い手として長期的な活躍が期待されます。そのため、①のタイミングで当面の業務方法に加えてSDGsを学ぶ機会を提供することが、企業のSDGsへの取り組みの長期的な安定性を高めるために有効です。また、既に自分なりの企業観や労働観を確立している転職者などが自社のSDGsの取り組みに適応するために、②のタイミングでの学習機会の提供が必要になります。そして、SDGsに取り組むプレイヤーである従業員がマネージャーに昇格すれば、その関わり方も変わるため、③のタイミングでSDGsのさらなる実践に資するマネージャー教育を施す必要があります。

　企業は継続性を志向しつつ、人的流動性がある組織です。SDGsの取り組みを推進するためにも、この流動性を考慮した社内教育の実施が重要となります。

メンバー構成の変化に合わせたSDGs学習機会の提供を

3つのタイミングが学習機会に適している

☑ **新卒採用時**

業務の基礎とともにSDGsの学習を

☑ **中途採用時**

即戦力にマッチするSDGsの学習を

☑ **昇格時**

マネージャー視点でのSDGsの学習を

取り組みの継続

取り組みの継続

60 「SDGsの価値観」を承継する

　企業の持続可能性を考える上で、事業承継は重要な経営課題です。そして現代の事業承継では、ESG問題への対応を避けることはできません。そのため、**後継者にはカネや技術などの経済的資産だけでなく、SDGsの「価値観」を承継させることが重要になります。**この価値観の継承に必要なポイントは、次の3つです。

①自社の現場で一定期間、一般従業員と同様の業務に従事させる
②業務としてのESG問題の抑制／解決に従事させる
③ESG問題に取り組む社外のパートナーとのパートナーシップ構築に従事させる

　事業承継で重要なことは、ESG問題に取り組む「原体験」の蓄積です。その最初の原体験が①になります。後継者は製造や営業、工事など、自社の価値創造の現場で一般従業員と同様の業務経験を積み、現場の尊さ、苦労を知ることが大切です。後継者をいきなり取締役やマネージャーに任命したり、短期の現場経験しかさせなければ、従業員から信頼を得られず、承継後の求心力の低下につながります。

　そして、②のような後継者のESG問題の取り組み経験も重要です。①と②を経験することで、後継者は経済的価値と社会的価値の両立の原体験を育むことになります。

　また、SDGsの取り組みは自社単独で成立しないことを実感させるために、③は重要なポイントです。後継者がパートナーシップ構築に従事することは、将来的な自社のSDGsのネットワーク機能を強化することにもつながります。

　価値観の承継には充分な「準備期間」が必要です。そのため、現経営者は早期かつ計画的な事業承継に取り組むことが求められます。

SDGsの価値観承継も事業承継のポイント

ESG問題に取り組む原体験の蓄積を

☑ **自社の現場で一定期間、一般従業員と同様の業務に従事させる**

後を継ぐなら、現場で
しっかり勉強するように！

御曹司も頑張って
ますな！

価値創造の大切さと苦労を経験させる

☑ **業務としてのESG問題の抑制/解決に従事させる**

CO2削減プロジェクト
チームに配属だ！

窓に断熱フィルムを
貼ってエアコンを…

CO2削減PJ

CO2排出量の推移

照明をセンサー
付きに変えて…

ESG問題への取り組みを経験させる

☑ **ESG問題に取り組む社外のパートナーとのパートナーシップ
構築に従事させる**

私の代わりに地域のみなさん
の窓口を担当せよ！

担当が変わりました！
今後ともよろしくお願いします！

よろしくお願い
しますよ〜

こちらこそ！

社外のパートナーと交流させる

この章のまとめ

第4章では、SDGsの実践に関する方法論について解説しました。どのようなテーマを選んでも、その取り組みを効果的なものにするためには一定のポイントがあります。要点をまとめると、次のようになります。

- SDGsで重要なことは、ESG問題の「抑制」と「解決」の両立である
- 全社的にSDGsのリテラシーを高め、取り組みの機運を醸成する必要がある
- 適切な取り組みテーマの設定には、社内外のESG問題のリサーチとマテリアリティの特定が必要である
- 取り組みテーマの決定には、ステークホルダーのニーズや経営資源が影響する
- 取り組みテーマの実行には、目的とKPIの明確化が必要である
- SDGsの実践では、担い手である従業員の働き方の多様化が必要である
- 実践の実効性を高めるためには、担当者の選任がカギとなる
- サプライチェーンの改善は「今できること」への取り組みが重要である
- SDGsの実践は、記録による「見える化」「見せる化」で発展させる
- SDGsの実践は、自社だけでなく多様なパートナーシップが重要である
- SDGsの実践には、長期的な取り組みを可能にする仕組みが必要である

第 **5** 章

SDGsを発展させる

この章で学ぶこと

　第5章では、SDGsの実践をさらに発展させるための方法について解説します。SDGsの基本理念は「誰一人取り残さない」世界の実現です。この世界には、さまざまな理由で社会的なケアから取り残された人が多く存在します。

　SDGsを実践し、持続可能な社会を実現するためには環境問題だけでなく、社会問題〜特に取り残された人の問題〜に、企業としてしっかり取り組むことが不可欠です。

　彼らの自立は重要なESG問題であり、企業はその解決の担い手として大きな社会的期待が寄せられています。この社会的期待に応えるためには、従来接点が乏しかった彼らのことを知り、接点を作ることから取り組む必要があります。そこでSTEP1では従来ビジネスとは関係の薄かった取り残された人のことを知り、接点を作るために何をすればよいかについて解説します。

　また、取り残された人のことを知りつつ何も行動しなければ、企業はSDGsの実践を発展させるどころかESG問題の深刻化に加担することになります。そこで、STEP2では取り残された人のために企業がとるべき方法論について解説します。

　SDGsの発展的な実践に欠かせない取り残された人への取り組み方法を検討したところで、次の第6章では、一連のSDGsの実践に関するリスクの予防について解説していきます。

STEP 1
「取り残された人」を知り、接点を作る

61　62

STEP 2
「取り残された人」のために戦略的に行動する

63　64　65　66

取り残された人との出会い

61 「誰一人取り残さない世界」を実現する

　SDGs の取り組みをさらに発展させるために考えなくてはならないのが、SDGs の基本理念「誰一人取り残さない」世界の実現です。この理念は誰にとっても重要なものであり、それぞれの立場からのチャレンジが不可欠です。基本理念の実現のために企業ができることは、取り残された人と行動を「共に」すること、また彼らに金品やノウハウなど自社のリソースを「贈る」ことで、その社会参画を支援することです。

　「共に」は、具体的には「働く意欲がある人の雇用」を意味しています。雇用は自社の人材確保というメリットだけに留まりません。取り残された人が自立すれば、購買力の向上によりさまざまな市場の拡大をもたらします。つまり自社と社会の双方がメリットを享受することになります。

　「贈る」は、具体的には「働くことができない人への寄付やボランティア活動などの支援」を意味しています。寄付やボランティア活動は、上下関係に基づく一方的な施しではありません。これらの取り組みは企業に ESG 問題の現実を学ぶ機会や新しいビジネスのヒントをもたらすとともに、自社の企業倫理のレベルを高めてくれます。

　つまり「共に」と「贈る」は自社の成長のための「投資」であり、取り残された人は「互恵的なパートナー」なのです。

　ESG 問題が深刻化する中、ビジネスで ESG 問題に対して「何もしない」ことは悪手です。だからこそ企業は偏見や予断を排し、この 2 つの投資に積極的、戦略的に取り組むことで、自社の成長と SDGs の基本理念の両立を目指す必要があります。

企業ならではの方法で「共に」と「贈る」を

企業が「共に」と「贈る」から得られるメリットは大きい

雇用で「共に」を実践して「取り残さない」にチャレンジ

自社のリソースを「贈る」ことで「取り残さない」にチャレンジ

「誰一人取り残さない」ための努力はさまざまなメリットをもたらす

取り残された人との出会い

取り残された人との出会い

「取り残された人」を リサーチする

　SDGs に取り組む企業は「取り残された人」に対して積極的なアプローチを行う必要があります。しかし、取り残された人はこれまでビジネスではなく、福祉の対象として認識されてきました。そのため、多くの企業は取り残された人がどこにいるのか、どのような問題を抱えているかについて、詳しい情報を持っていません。

　そのため、取り残された人と接点を持たない企業は次のような関係機関などで情報収集を行うと共に、各機関を通じて彼らと出会うことが、彼らと接点を持つきっかけとなります。

①**地域社会のセクター…自治体、学校、民生委員、NPO など**
②**テーマごとのセクター…社会福祉法人（障害者福祉）、児童養護施**
　設（児童福祉）、被害者支援センター（犯罪被害者支援）、更生保護
　法人（出所者等更生支援）、矯正就労支援情報センター（同）など

　取り残された人の中には障害者のように社会的ケアの必要性が広く知られている存在や、LGBT のように社会の人権意識の向上によって同様の必要性が広く知られている存在もあります。

　一方で、犯罪被害者や刑務所等の出所者、DV 被害者、虐待児童、ひとり親とその子ども、児童養護施設退所者など、さまざまな理由で社会的ケアの必要性がありながら、社会的な認知が少なかったり、充分なケアが行き届いていない人たちもいます。

　取り残された人がどこにいて、どのような問題を抱えているかを知らなければ「共に」も「贈る」もできず、企業価値を創造できません。誰一人取り残さない世界の実現は、あらゆる個人と組織の共通の利益です。取り残された人をビジネスのプロセスに組み込むための第一歩として、積極的にリサーチと接点づくりに臨みましょう。

取り残された人について知ることが重要

これからは彼らも自社のパートナーに

 地域社会のセクター
自治体、学校、民生委員、NPOなど

なんでも聞いて
ください！

民生委員＆
児童委員です！

地域で子どもを
支えましょう！

地域の課題に一緒に
チャレンジ！

地域のプロと関係構築

 テーマごとのセクター
社会福祉法人(障害者福祉)、児童養護施設(児童福祉)、被害者支援センター(犯罪被害者支援)更生保護法人(出所者等更生支援)、矯正就労支援情報センター(同)など

テーマ別のプロと関係構築

取り残された人を
知っている人は…

まずは話を
聞いてみよう！

まずは身近なセクターにコンタクトを

取り残された人のための行動

63 「取り残された人」に アプローチする

　「取り残された人」に出会えても具体的な行動に移さなければ、企業は結果的に「ESG問題に加担」していることになります。企業には社会の一員として、「取り残された人」とのパートナーシップを実践することが求められています。その実践にあたっては、「共に」と「贈る」の両面から次のようなポイントを検討する必要があります。

①雇用するための社内の課題は何か？（「共に」）
②雇用するために利用できる外部の支援は何か？（「共に」）
③雇用以外の代替手段はあるか？（「共に」）
④自社が贈ることができるモノや機会は何か？（「贈る」）
⑤どうすれば継続的に贈ることができるか？（「贈る」）

　残念ながら取り残された人の雇用、「共に」ではいまだに差別や偏見などが存在します。そのため①を洗い出し、社内の合意形成や業務環境の改善に取り組みましょう。しかし、社会参画が困難な人の受け入れは自社の努力だけでは難しいケースもあります。その場合は、自治体や専門機関といった②の支援策（者）の活用を検討する必要があります。もし現時点で雇用できなければ、③として内職や業務委託などを模索してみましょう。

　効果的な「贈る」のために、④として自社リソースと支援ニーズの適合性を検討する必要があります。そして多くの場合、1回の支援で支援目的が達成されることはないため、同時に⑤の検討が不可欠です。

　取り残された人とのパートナーシップには、継続的なアプローチが重要です。「難しいから自社ではできない」と最初から断念するのではなく、社外の支援を利用しながらチャレンジすることが、自社のSDGsの取り組みの発展に貢献します。

パートナーシップの構築には入念な準備を

やらない理由作りではなく、できる理由作りを

☑ **雇用するための社内の課題は何か？（「共に」）**

社内の課題の洗い出し

☑ **雇用するために利用できる外部の支援は何か？（「共に」）**

支援策の活用

☑ **雇用以外の代替手段はあるか？（「共に」）**

雇用以外の方法の模索

☑ **自社が贈ることができるモノや機会は何か？（「贈る」）**

自社が提供できるリソースの検討

☑ **どうすれば継続的に贈ることができるか？（「贈る」）**

継続性の確保

最初から断念せずにチャレンジを

「取り残された人」を雇用する

　「取り残された人」を雇用することは、彼らの経済力を高めて自立を促し、ESG問題の解決にも大きく貢献します。そして、それはさまざまなステークホルダーの共感を呼び起こし、結果的に自社の社会的価値の創造に貢献します。そのためにも、企業は取り残された人を雇用できるように、自社の雇用のあり方を見直す必要があります。そこで重要になるのが、次のポイントです。

①取り残された人の問題を全社的に学習する
②取り残された人のキャリアパスを用意する
③取り残された人の特性に応じた処遇方法を制度化する
④取り残された人を受け入れる覚悟を経営者が持つ

　取り残された人は、多くの人が経験したことのない深刻な悩みを抱えています。この悩みを知らずに社内で受け入れれば、差別や摩擦が起き、彼らの定着を阻害することになります。そのため、①は受け入れの準備に不可欠なステップです。

　また、取り残された人は抱えている問題に起因して、就労後すぐに現在の従業員と同様のキャリアパスを歩めるとは限りません、そのため、彼らの定着のために、別途②の用意が必要です。

　そして、彼らに配慮した処遇、例えば浪費癖がある従業員のために、本来月払いの給与を週払いにするなどが規程外で行われると、処遇が不安定になったり、他の従業員の不満が生じます。そこで、社会保険労務士などと相談して③に着手する必要があります。

　取り残された人の雇用には試行錯誤が求められます。そのため、もっとも重要なのは④です。経営者の覚悟が①から③の成否を握っていることを、常に意識しましょう。

取り残された人への最大の貢献が雇用

今、自社に何ができるか

☑ 取り残された人の問題を全社的に学習する

取り残された人の環境に飛び込む

☑ 取り残された人のキャリアパスを用意する

オレ、まだ人づきあいが苦手で…

最初は対人業務が少ない部門からな！

キャリアパスに配慮を

☑ 取り残された人の特性に応じた処遇方法を制度化する

自分、浪費癖なんで…

給料の週払いからチャレンジしよう！

就業規則 週払い条項

相手の資質、境遇に配慮を

☑ 取り残された人を受け入れる覚悟を経営者が持つ

みんな幸せになる権利がある！

俺はやるぞ！

前科者は…

障害者雇用は…

経営者の覚悟が何よりも重要

彼らのために労務の見直しを…

それは素晴らしい！

社労士事務所

取り残された人のための行動

161

取り残された人のための行動

「取り残された人」のために
業務を見直す

　「取り残された人」の雇用を着実に行うには、採用時の課題に取り組むと共に、彼らが実際に職場で働けるようになるための業務の見直しを行う必要があります。**取り残された人が自社に欠かせない人材となるためには、本人の自主的な努力に任せて放置するのではなく、企業として責任を持って業務のあり方を見直す必要があります。**その見直しで欠かせないのが、次のポイントです。

①取り残された人の特性に応じて、作業環境・作業方法を改善する
②取り残された人の特性に応じて、配属・担当業務を決定する

　障害や疾病、性差などは、働き方に直接影響を与える要因です。そのため、①は取り残された人の戦力化のために不可欠です。例えば車いすの利用者のために作業スペースを拡張する、知的障害者のために作業分解を行い作業方法を見直す、育児や療養しながら働く人のために業務のオンライン化を進める、セクシャルマイノリティのために更衣室の利用ルールを改定するなどが、これに該当します。

　また、詐欺罪で服役したばかりの人や著しい浪費癖、多額の債務を抱えた人にいきなり契約や金銭を扱う業務を任せるなど、本人の抱えている問題を考慮しない人事を行うと、その問題を一層悪化させたり、新たなトラブルを誘発したりする可能性があります。そのため②についても、P.156の関係機関の意見を参考にして、慎重に決定する必要があります。

　彼らのために業務を見直すことは、業務の標準化や生産性の向上、ESG問題への対応力の強化などにつながり、自社のメリットになります。そのため、業務の見直しは「人的投資」の一環として、費用を投じて計画的に取り組むことが求められます。

取り残された人のための取り組みはすべての人の利益に

具体的な業務と環境の見直しを

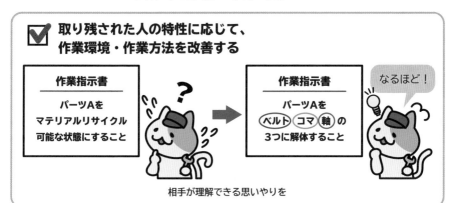

☑ **取り残された人の特性に応じて、作業環境・作業方法を改善する**

相手が理解できる思いやりを

☑ **取り残された人の特性に応じて、配属・担当業務を決定する**

相手の特性に配慮した業務の提供を

取り残された人のための業務見直しは、みんなにメリット

取り残された人のための行動

「取り残された人」のために従業員を支援する

　雇用した「取り残された人」への実際の支援の担い手は、自社の従業員です。その支援は従業員の人間性をゆたかなものとし、ESG問題への感受性を高めます。ゆたかな人間性は、ビジネスでESG問題に取り組むための重要な資質です。だからこそ、企業は従業員の「人間性という力」を引き出すために、積極的な投資を行う必要があります。その投資のポイントは、次の通りです。

①従業員のボランティア・チャリティ活動を制度面で助成する
②従業員のボランティア・チャリティ活動を経済面で助成する

　①は自社の取り残された人への支援に触発された従業員が、個人的に社外で他のテーマの支援に取り組むための制度的な根拠となるものです。災害ボランティアに参加する、骨髄バンクのドナーとして骨髄提供のために入院する、児童養護施設の子供たちのために里親になるなど、個人で貢献できることがたくさんある一方、これらは平日での取り組みが困難です。そのため、就業規則などを改定し、これらの活動への参加を勤務扱いとするなど、企業として従業員の取り組みを支援することが重要です。

　②は従業員の取り組みを制度面で認めるだけでなく、経済的に支援することでより積極的な参加を促すものです。例えば従業員のボランティア、チャリティ活動に助成金を出す、里子がいる従業員には他の従業員と同じように家族手当を支給する、などが挙げられます。

　人間性ゆたかなメンバーで構成される企業は、多くのステークホルダーに共感される魅力的な企業です。だからこそ、企業は従業員の人間性という力を引き出すために、業界の常識にとらわれず、果敢にチャレンジすることが求められています。

取り残された人のために従業員の協力を

取り残された人との関わりは従業員の人間性をゆたかに

☑ **従業員のボランティア・チャリティ活動を制度面で助成する**

社会貢献も仕事！
出勤扱いするよ〜

新就業規則

里親研修
社会的養護の
必要性

災害復旧
現場

従業員の取り組みに制度面で支援を

☑ **従業員のボランティア・チャリティ活動を経済面で助成する**

従業員の社会貢献活動
に経済的支援を…

災害ボランティアに
行ってきます！

それなら助成金
を出すよ！

就業規則
「家族手当」
里子がいる
従業員にも
家族手当を
支給

従業員の取り組みに経済面で支援を

わが社も
見習いたい！

ありがたい
ことだ

後で会社に
お礼に行こうね！

人間性のゆたかさが企業の魅力につながる

この章のまとめ

第5章では、企業が社会的ケアから取り残された人に出会い、パートナーシップを取り結ぶための方法論について解説しました。企業が彼らを知り、偏見を捨てて自社の経営資源を活用すれば、彼らの社会参画とビジネスの両立は決して不可能ではありません。要点をまとめると、次のようになります。

- ・「誰一人取り残さない世界」を実現するため、企業には「共に」と「贈る」の実践が求められている
- ・「共に」も「贈る」も、上下関係に基づく一方的な施しではなく、互恵的な行為である
- ・「取り残された人」は企業の対等なパートナーである
- ・「取り残された人」を見ても何もしない企業は、結果的に ESG 問題の深刻化に加担することになる
- ・最初に取り組むべきことは、関係機関を通じて取り残された人を知り、接点を作ることである
- ・「取り残された人」との継続的なパートナーシップのためには、多面的な取り組みが必要である
- ・「取り残された人」とのパートナーシップに際しては、社外の支援策（者）も活用する必要がある
- ・「取り残された人」の雇用には経営者の「覚悟」がもっとも重要である
- ・「取り残された人」を雇用するには、彼らが抱えている問題に配慮して業務を見直す必要がある
- ・「取り残された人」の支援の担い手である従業員の取り組みを支援する必要がある

SDGsのリスクを予防する

この章で学ぶこと

第6章では、SDGsを実践する際に注意しなければならないリスクと、その管理について解説します。SDGsの実践では、従来よりも多くのステークホルダーが関わります。そのため、企業にはより高い社会性が求められます。この点を理解していないと、思わぬトラブルを引き起こしてしまいます。

STEP1では、SDGsの実践における最大のリスクであり、詐欺的な行為とされるSDGsウォッシュやESG問題の隠蔽、偽装などの予防について解説します。そしてSDGsの実践を着実なものにするためには、その担い手である従業員のやりがいの搾取を予防する必要があります。**STEP2**では、その予防のために必要な公正な処遇のポイントについて解説します。

SDGsのリスク管理では社内のリスクだけでなく、社外のリスクにも注意を払う必要があります。SDGsの実践は、自社だけでは完結しません。サプライチェーン全体で取り組む必要があるとともに、従来よりも複雑な経営課題に対応するための専門家の支援が不可欠です。そのため**STEP3**では、社外のパートナーの動向をチェックする方法について解説します。

また、SDGsは多様なステークホルダーとパートナーシップを組んでの取り組みが求められます。そのため、彼らとのコミュニケーションでは常に誠実さを求められます。そこで、**STEP4**では誠実なコミュニケーションによるリスク管理の必要性について解説します。

着実なSDGsの実践に欠かせないリスク管理のポイントについて押さえたら、次の第7章では、一連のSDGsの実践を持続的なものとするための視点について解説していきます。

STEP 1
SDGsウォッシュを予防する

67 68 69

STEP 2
従業員の公正な処遇を実現する

70 71

STEP 3
パートナーの動向をチェックする

72 73

STEP 4
誠実なコミュニケーションを徹底する

74 75

第**6**章

SDGsのリスクを予防する

SDGsウォッシュの予防

「SDGsウォッシュ」を予防する

　SDGs は官民の双方で推進している一種の社会運動です。しかし、参加企業の中には重大な ESG 問題を隠蔽したり、取り組んでいない SDGs の推進を偽装して企業イメージを高めようとする、詐欺的な企業も存在します。このような詐欺的な行為を「SDGs ウォッシュ（ウォッシュ＝ washing: 塗りつぶす）」と呼びます。

　SDGs ウォッシュは、SDGs に取り組む上での最大のリスクです。発覚すれば、自社の社会的信用や顧客を失う重大なリスクとなります。そこで、次の 3 つの視点から自社の SDGs のあり方をチェックし、予防に努めましょう。

①取り組みが ESG 問題に有効で、かつ現在進行形か？
②取り組みを記録によって説明できるか？
③取り組みが相互連関的か？

　SDGs は ESG 問題を解決するための考え方です。そのため、①ESG 問題に有効ではない、あるいは現在はもう行っていない過去の取り組みを発信しても、現実の ESG 問題の解決には貢献しません。また、②根拠となる記録を欠いた SDGs の情報発信は、取り組みの偽装を疑われ、ステークホルダーの不信を買います。そのため、P.130 の記録による説明が重要になります。最後に、③ビジネスが ESG 問題の解決に寄与するマルチベネフィットにならなければ、それは単なる「カネ儲け」の域を出ません。

　SDGs ウォッシュはステークホルダーへの背信、経営資源の浪費の原因となるものです。**企業は安易に SDGs に便乗するのではなく、着実な実績と、適切な発信の両立を図ることが求められます。**

SDGsウォッシュ＝羊頭狗肉の経営

予防策は外観と実質の一致

☑ **取り組みがESG問題に有効で、かつ現在進行形か？**

今度は別の素材を使って…

実態がある取り組み

☑ **取り組みを記録によって説明できるか？**

当社のCO₂排出量は…

CO₂排出量

根拠がある説明

☑ **取り組みが相互連関的か？**

ウチで働きなよ！

人手不足解消！　更生への第一歩！

取り組みの相互連関性

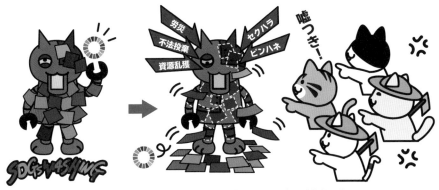

嘘つき！

SDGsウォッシュはステークホルダーの信用を失う詐欺的行為

SDGsウォッシュの予防

「社内のESG問題」を抑制する

　自社の SDGs への取り組みが SDGs ウォッシュ化するリスクは、自社の日頃の活動に注意を払うことで予防できます。そのためには、**役員や従業員個人の自発性に委ねるのではなく、組織として取り組まなければなりません**。最初に行うべきは、社内の ESG 問題の抑制です。抑制には、次の 4 つの方法を組み合わせることが効果的です。

① ESG 問題への取り組みをルール化する
② 定期的にルールを発信・周知する
③ 定期的にルールの運用状況をモニタリングする
④ ルールの運用に関する従業員の相談窓口を開設・運用する

　社内の ESG 問題には不法投棄や労災隠しのように法令ではっきりと禁止されているものと、各種ハラスメント対策やエコ運転の実施など、法令の適用が不充分だったり、義務化されていなかったりするものがあります。前者にしっかり取り組むとともに、後者については P.104 のリサーチ結果を基にした①によって、ESG 問題の実効的な抑制に取り組む必要があります。そして、作られたルールはメンバーの入れ替わりや時間の経過とともに形骸化する可能性があるため、研修や社内報などを利用して②に取り組むことも重要です。また、ルールは運用することによって、実際の ESG 問題の抑制に貢献します。そのため、レポートによる報告などの形で③を行い、運用状況を把握しましょう。

　最後に、ESG 問題の抑制には従業員の協力が不可欠です。彼らの協力を引き出すためにも、弁護士などの専門家のアドバイスを参考に従業員のプライバシーや処遇に配慮しながら、④による ESG 問題の探知に取り組みましょう。

SDGsウォッシュの予防は日常的、組織的に

社内のESG問題の抑制が予防の第一歩

☑ **ESG問題への取り組みを ルール化する**

環境保全規程

第1条 エコ運転

第2条 車両点検

...

ESG問題抑制のルール化

☑ **定期的にルールを発信・ 周知する**

社内報　00号

廃棄物処理手順の 再確認を！

優越的地位濫用の 禁止について

ルールの形骸化を防ぐ

☑ **定期的にルールの運用状況 をモニタリングする**

安全対策の見直し が必要だな…

ヒヤリハット 報告書

モニタリングで現状を把握

☑ **ルールの運用に関する従業員 の相談窓口を開設・運用する**

ここ相談窓口ですよね？

この前の現場で 不法投棄が…

顧問弁護士

従業員の協力を確保

卑怯だぞ！

労災隠し　下請けいじめ

不法投棄　急発進 急加速

わが社の SDGs

社内のESG問題を抑制できなければ、すぐにSDGsウォッシュ化する

SDGsウォッシュの予防

SDGsウォッシュの予防

「企業理念に反する行為」を予防する

　SDGs ウォッシュを回避するためには、社内の ESG 問題を抑制して社会に迷惑をかけないだけでなく、社会から信頼されるための行動を積み重ねる必要があります。そのためには、企業理念の実現に向けた行動を実践し、この理念に反する行為を予防することが必要です。この予防のためにチェックすべきなのが、次のポイントです。

①自社の経営状況と市況を顧みない経営目標・KPI を設定していないか？
②取引相手の毎回の取引時の利益に配慮しているか？
③企業理念の実践方法を従業員と共有できているか？

　①を無視すると、現場に無理なノルマなどの形でしわ寄せが行きます。無理なノルマは、不誠実な営業活動や手抜き作業といった企業理念に反する行為を誘発します。これを予防するためには、適切な目標設定とその進捗管理が不可欠です。

　あらゆるビジネスは、ステークホルダーとのパートナーシップが前提です。これは搾取する／される関係ではなく、互恵的な関係を意味します。それ故②を無視すれば、企業理念の前提を損なうことになります。持続可能なパートナーシップのためにも、利益とリスクを分かち合う適正な価格交渉を行う必要があります。

　そして、企業理念は活用するためにあるのであって、掲げておけばよいというものではありません。そこで③をチェックして従業員と議論を重ね、理念の実現に向けた行動を実践するための環境を整える必要があります。

　立派な企業理念があっても実際の行動が理念に反していれば、SDGs ウォッシュのリスクを高めます。経営者は、理念の実践のための環境整備が自らの職責であることを常に意識する必要があります。

立派な企業理念に見合った行動を

不適切な行為を誘発しない環境作りを

✓ **自社の経営状況と市況を顧みない経営目標・KPIを設定していないか？**

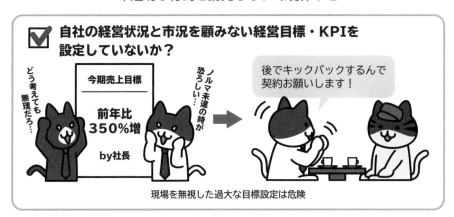

現場を無視した過大な目標設定は危険

✓ **取引相手の毎回の取引時の利益に配慮しているか？**

一方的に相手に不利益を転嫁しない

✓ **企業理念の実践方法を従業員と共有できているか？**

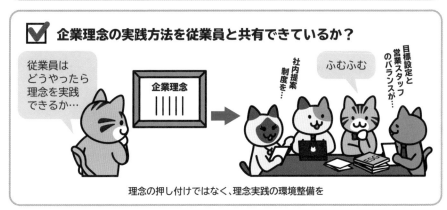

理念の押し付けではなく、理念実践の環境整備を

SDGsウォッシュの予防

従業員の処遇

「やりがいの搾取」を予防する

あらゆるビジネスの基礎は人材です。従業員という人材がいるからこそ、SDGs の実践にチャレンジすることができるのです。業務でSDGs を実践することは、従業員のやりがいにつながります。だからこそ企業は、本来やりがいがあるはずの業務に対して見合わない待遇を提供するという、「やりがいの搾取」を予防しなければなりません。この予防のためにチェックすべきなのが、次のポイントです。

①社会生活の持続が可能な賃金を支払っているか？
②サービス残業、早出などの無償労働による搾取を行っていないか？
③業務に必要な経費を従業員に負担させていないか？

ESG 問題に有効な製品やサービスをどれだけ提供しても、従業員の経済的安定を欠いたビジネス、つまり SDGs の目標 8 に反するビジネスは SDGs ウォッシュとなります。そのため①は、やりがいの搾取を予防するための基本的なポイントとなります。

また理由を問わず、無償労働の放置、推奨は労働力の搾取であり、コンプライアンスの問題となります。②をしっかりチェックすると共に、予防のために業務配分の見直しなどを適時行いましょう。

そして、新型コロナウイルスのパンデミック以降、テレワークなど社外での多様な働き方が加速しています。それに伴い、社外での業務のための新たな備品の調達や光熱費負担などの問題が生じています。そのため、③についても自社の責任で負担する必要があります。

SDGs という立派なテーマを掲げても、従業員のやりがいを搾取する企業は、ESG 問題の温床となる「ブラック企業」として、法的、社会的制裁を受けるリスクが高くなります。ビジネスの持続可能性のためにも、自社の労務管理の状況には常に注意を払う必要があります。

やりがいの搾取はそれ自体がESG問題

やりがいと待遇の均衡は企業の責任

☑ **社会生活の持続が可能な賃金を支払っているか？**

給料で家計を支えることができるか？

☑ **サービス残業、早出などの無償労働による搾取を行っていないか？**

どんな労働にも必ず給料は発生する

☑ **業務に必要な経費を従業員に負担させていないか？**

多様な働き方には費用の裏付けを

従業員の処遇

177

従業員の処遇

71 「ESG問題への取り組み」を評価する

　SDGs の実践は、従業員の積極的な参加なくして成り立ちません。SDGs に真剣に取り組むためには、従業員が ESG 問題に関心を持ち、積極的に取り組みたくなるような環境整備が不可欠です。この環境整備でもっとも重要なのは、**SDGs に関連した取り組みを人事評価の対象にすることで、従業員の積極的な取り組みを促進すること**です。そのために必要なポイントは、次の 2 つです。

①経営計画などにある、既定の ESG 問題への取り組み状況を人事評価の対象とする
②経営計画などにない、ESG 問題の解決に有効な業務上の提案を人事評価の対象とする

　やる気を引き出すために最初に行うべきは①です。P.92 で示した経営計画などに具体的な SDGs の推進が織り込まれていることを前提に、経営計画にリンクする ESG 問題への取り組み目標を従業員と共に設定し、その取り組み状況を評価します。
　また、自社が計画した事項だけに評価対象を限定するのは、自社の新しいチャンスや潜在的な問題の発見、従業員の能力向上にプラスになりません。そのため、②によって従業員のさらなるやる気を引き出しましょう。
　SDGs のかけ声だけが勇ましくても、従業員の積極的な参加がなければ取り組みは形骸化し、SDGs ウォッシュのリスクが高まります。従業員の積極的な参加を促すために人事評価を見直すことは、SDGs のリスク予防に欠かせない取り組みです。

人事評価なくしてSDGs経営なし

業務レベルで動機付けを

☑ **経営計画などにある、既定のESG問題への取り組み状況を
人事評価の対象とする**

計画したSDGs関連項目を評価対象に

☑ **経営計画などにない、ESG問題の解決に有効な業務上の提案を
人事評価の対象とする**

計画外の取り組みを積極的に評価

SDGsの実際の担い手のやる気を引き出すことが重要

パートナーの動向

72 「ESG問題に知見のある専門家」を起用する

　SDGs の取り組みを推進するには、労務管理、財務、生産管理など、社内のさまざまな制度や仕組みを ESG 問題の抑制／解決に適した形へ改善することが不可欠です。しかし多くの企業ではこの改善を単独で進めることは難しいため、税理士や社会保険労務士といった社外の専門家の活用が成功のカギを握っています。そこで必要となるのが、**ESG 問題に無関心な専門家から、ESG 問題に知見がある専門家への交替・起用**です。その際のポイントとなるのは、次の 2 つです。

①法令の改正などに際して積極的に対策を提案しているか？
② ESG 問題に対して「抜け道」ではなく「正攻法」を提案しているか？

　ESG 問題の深刻化に伴って法令が改正されると、関連する政策が政府や自治体から相次いで打ち出されます。企業が単独でこの流れに対応することは難しいため、①は専門家の交替・起用に関する基本的な評価ポイントです。

　また、企業が専門家に求めるべきは ESG 問題が深刻化する時代の成長戦略とリスク管理の支援です。近視眼的なコストの削減方法や従業員を意のままに操るための方法、顧客のニーズに表面的に対応する方法ではありません。だからこそ、②は重要な評価のポイントになります。

　「先代の経営者からの付き合い」などの理由で①、②ができない専門家、受け身の専門家と付き合い続けても、無駄なコストにしかなりません。そのような専門家との関係は速やかに解消し、適切な専門家を起用することが求められます。

SDGs経営の推進にはESG問題に理解がある専門家の支援が重要

専門家をESG問題の視点で「選定」する

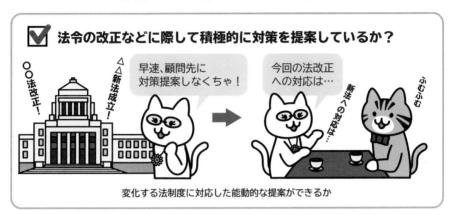

☑️ **法令の改正などに際して積極的に対策を提案しているか？**

○○法改正！
△△新法成立！

早速、顧問先に対策提案しなくちゃ！

今回の法改正への対応は…

新法への攻略は…

ふむふむ

変化する法制度に対応した能動的な提案ができるか

☑️ **ESG問題に対して「抜け道」ではなく「正攻法」を提案しているか？**

特集！
不払い残業代問題

ウチもヤバいな…

裁量労働制を導入して残業代を節約しましょう

それはイイな！

「抜け道」を提案する専門家はNG

労務トラブル予防のためのプランです！

コスト増でも必要です！

ありがとうございます！

はあ…

何かあったら聞いてください

顧問料安いんで

専門家の声を聞くと共に、その能力の査定を

第6章 SDGsのリスクを予防する

パートナーの動向

パートナーの動向

73 「取引先のESG問題」に注意を払う

　ビジネスが複雑なサプライチェーンで成り立っている以上、SDGs に関するリスク管理は自社単独では成り立ちません。P.128のように、限られた影響力の中でも調達方法を改善し、サプライチェーンの強化に取り組むことが重要になります。その上でもう一つ重要なのが、「取引先の ESG 問題」をチェックし、付き合うべきパートナーを見極めることです。そのチェックのために必要な情報を、次のステークホルダーから収集しましょう。

①取引先の従業員
②取引先と付き合いがある企業

　サプライチェーン全体で ESG 問題への対応が求められる現在、企業は取引先の QCD や信用リスクだけでなく、ESG 問題にも注意が必要です。

　そのための有力な情報源となるのが①です。一般的に取引先が自社の ESG 問題を公表することは考え難いため、取引先の従業員との日常的な会話などから労災隠しや不法投棄、ハラスメント、地域社会からの苦情といった ESG 問題の兆候、関連情報を収集しましょう。また、②も重要な情報源です。業界内での取引先の評価は①が提供する情報を補足し、取引先との関係を検討するための参考情報となります。

　なお、入手した情報には取引先の重要な問題が含まれています。情報漏洩事故などが起きないよう、その取り扱いには注意が必要です。

　そして、**自社がステークホルダーから有益な情報を得るには、何よりも彼らから信頼される必要があります。**だからこそ、自社が日頃からステークホルダーに信頼される行動を積み重ねる必要があることを忘れてはなりません。

自社だけでなく取引先のESG問題に関心を

取引先のESG問題は日常のコミュニケーションから探知

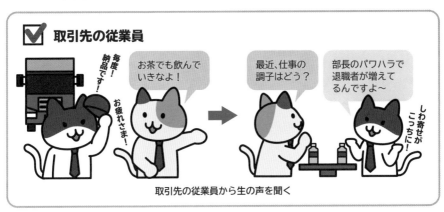

✓ 取引先の従業員

取引先の従業員から生の声を聞く

✓ 取引先と付き合いがある企業

同業他社から多角的な情報収集を

信頼の積み重ねが有益な情報につながる

パートナーの動向

誠実なコミュニケーション

74 「都合の悪い情報」も発信する

　P.136 で紹介したように、記録をもとに自社の SDGs の取り組みを「見せる化」することはさまざまなステークホルダーの共感を獲得し、パートナーシップを構築する上で不可欠です。しかし見せる化によって「自社に都合のよい情報だけ」を一方的に発信すると、ステークホルダーの不信を買い、社会的信用を損ねます。このようなリスクを回避するため、見せる化では次の対応を堅持することが重要です。

①取り組みテーマの実績は、良し悪しに関わらず全て発信する
②発信した情報への問い合わせ窓口を開設する

　ステークホルダーはそもそも企業が完全無欠の存在だとは考えていません。それにも関わらずKPIが良好な取り組みテーマだけを発信し、あたかも自社の SDGs の取り組みに何の問題も存在しないかのように装えば、露骨な SDGs ウォッシュとして彼らの不信を買います。見せる化を実践する場合、①は必須の取り組みです。またステークホルダーからの苦情のように、取り組みに付随するネガティブな事象について自発的に発信することも、誠実な発信として重要です。
　そして、情報を「一方的に発信するだけ」で、ステークホルダーの意見を受け入れる準備がなければ、不誠実な企業であるとの社会的批判は免れません。そのため、問い合わせへの対応マニュアルなどを整備して②に取り組み、窓口に寄せられた意見に真摯に対応すると共に、経営陣に意見をフィードバックすることが必要です。
　SDGs への取り組みの関連情報は、公表する義務があるわけではありません。しかし、**義務のない情報を自ら積極的に発信するからこそ、共感や社会的信用につながります。**勇気を持ってチャレンジすることが重要です。

誠実な「見せる化」がSDGsには必要

一方的な情報の垂れ流しは信用を失う

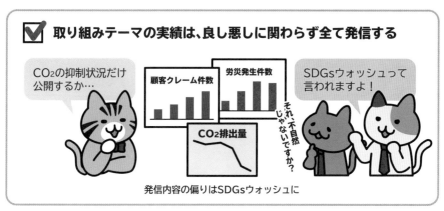

☑ 取り組みテーマの実績は、良し悪しに関わらず全て発信する

CO₂の抑制状況だけ公開するか…

顧客クレーム件数

労災発生件数

CO₂排出量

それ、不自然じゃないですか？

SDGsウォッシュって言われますよ！

発信内容の偏りはSDGsウォッシュに

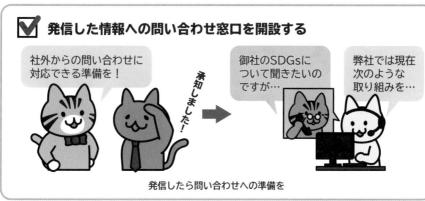

☑ 発信した情報への問い合わせ窓口を開設する

社外からの問い合わせに対応できる準備を！

承知しました！

御社のSDGsについて聞きたいのですが…

弊社では現在次のような取り組みを…

発信したら問い合わせへの準備を

Sustainability Report

今どき正直な会社だなあ

Sustainability Report

自社CO₂排出量の推移

CO₂排出量

顧客クレーム件数

労災発生件数

01

02

誠実な発信は共感や信用につながる

誠実なコミュニケーション

「不祥事が発生した時」こそ誠実・丁寧に対処する

　企業では時として ESG 問題の抑制に失敗し、それが不祥事化することがあります。**その時に重要なことは不祥事を隠蔽するのではなく、いかにそのダメージを軽減するかです。**そしてその軽減に不可欠なのが、「誠実・丁寧」なコミュニケーションです。その成否は、次の姿勢を堅持できるか否かにかかっています。

①確認できた事実は自社サイトなどで速やかに発信する
②コミュニケーションでは「法的正しさ」だけでなく**「社会的正しさ」**との両立を目指す

　インターネットメディアや SNS（ソーシャル・ネットワーキング・サービス）の発達により、不祥事発生時は不正確な情報で自社が批判され、企業価値を損なうリスクが大きくなっています。そのため、①は事態収拾の目途がつくまでの必須の対応となります。

　また、不祥事発生時に「法的正しさ」だけにこだわり、「社会的正しさ」を軽視すると、かえって企業価値を損ないます。例えば従業員の過労自殺について裁判で自社の法的正義を主張しても、自殺という事実が存在する以上、ステークホルダーからは主張自体が怒りを買います。また官公署や株主には不祥事を報告しても、法的義務がないことを理由に他のステークホルダーには報告しない、照会に回答しないという態度も、同様に怒りを買う原因となります。

　ステークホルダーの怒りを買うことは、これまで積み上げた SDGs の実績を台無しにすることを意味します。だからこそ、不祥事発生時には②を充たす誠実で丁寧なコミュニケーションが不可欠となるのです。

ビジネスは法的正しさと社会的正しさの両立が重要

不祥事発生時は誠実かつ迅速な対応を

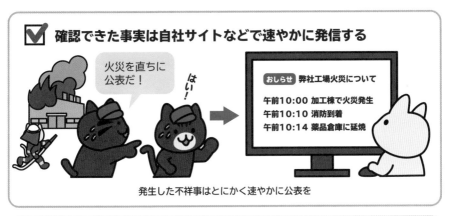

☑ **確認できた事実は自社サイトなどで速やかに発信する**

火災を直ちに
公表だ！

はい！

> **おしらせ** 弊社工場火災について
>
> 午前10:00 加工棟で火災発生
> 午前10:10 消防到着
> 午前10:14 薬品倉庫に延焼

発生した不祥事はとにかく速やかに公表を

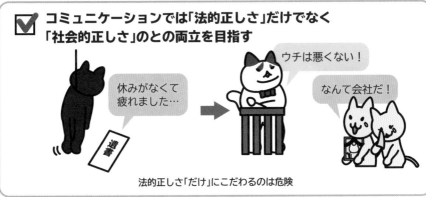

☑ **コミュニケーションでは「法的正しさ」だけでなく
「社会的正しさ」のとの両立を目指す**

休みがなくて
疲れました…

遺書

ウチは悪くない！

なんて会社だ！

法的正しさ「だけ」にこだわるのは危険

お尋ねの件は公表義務が
ございませんので…

何か隠して
いるんですか！

被害者が
いるんですよ！

会社の不法行為です

あの会社とは
取引を止めよう

辞表

業績

辞表

不祥事発生時は社会的正しさの確保が重要

この章のまとめ

第6章では、SDGsの実践に関わるリスクとその対策について解説してきました。SDGsの実践は「よいこと」ですが、その実践を標榜する以上、企業にはそれに見合った行動が求められます。要点をまとめると、次のようになります。

- 自社のESG問題を隠蔽し、SDGsの実践を偽装することは「SDGsウォッシュ」である
- SDGsウォッシュは、社会的信用と顧客を失う重大なリスクである
- SDGsウォッシュの予防は、社内のESG問題の抑制に組織的に取り組むことから始まる
- SDGsウォッシュの予防には、社会から信頼される行動の積み重ねが求められる
- SDGsウォッシュの予防には、企業理念に反する行為を誘発させないマネジメントが求められる
- SDGsの実践を標榜しながら従業員の待遇が不充分だと、法的、社会的制裁を受けるリスクが高まる
- SDGsの取り組みを人事評価に組み込まないと、その実践は形骸化する
- SDGsの実践に貢献しない専門家との関係は無駄なコストになるため、適切な専門家を起用する
- SDGsの実践はサプライチェーンの強化が必要であり、取引先のESG問題にも注意を払う必要がある
- 自社に都合のよい情報だけを発信するとステークホルダーの不信を買う
- 不祥事の発生時には「法的正しさ」だけでなく「社会的正しさ」にも配慮する

第 **7** 章

SDGsの実践を持続させる

　第7章では、これまで解説してきた SDGs の実践を持続的なものにするための視点について解説します。第1章で述べたように、考え方としての SDGs に「賞味期限」はありません。これからのビジネスは、常に ESG 問題の抑制／解決の両立が求められます。ビジネスでは、常に社会と自社の持続可能性の視点を持ち、SDGs に取り組み続けることが必要です。

　そこで **STEP1** では、未来を見据えて SDGs の実践を持続可能なものにするための取り組みと、その体系化を図る必要性について解説します。

　次の **STEP2** では、主体的に SDGs に取り組み続けるために倫理観を大切にすること、自律的な考え方を持つことの重要性について解説します。

　そして **STEP3** では、持続的な SDGs の実践が社会や家族にどのような資源を残すことができるかを解説します。

　また、SDGs の実践を通じて持続可能な企業になるには、優秀な人材を必要とします。そのためにも、企業は魅力的で倫理的な組織になる必要があります。**STEP4** では、本当に持続可能な組織に求められる要素について解説します。

STEP 1
未来を見据えた思考、行動を実践する

76 77

STEP 2
倫理的な思考、行動を実践する

78 79 80 81

STEP 3
社会に役立つ資源を残す

82 83

STEP 4
持続可能な企業の確立へ

84 85

第 **7** 章

SDGsの実践を持続させる

未来志向

76

「プロアクティブ思考」と 「バックキャスティング」

　SDGs の取り組みを将来にわたって持続可能なものにする上で、企業が知っておくべきいくつかの考え方があります。中でも重要なのが、「プロアクティブ（proactive）思考」×「バックキャスティング（back casting）」の考え方です。

　プロアクティブはリアクティブ（受動的 :reactive）の対義語で、「能動的」を意味します。ESG 問題はもはや「国や自治体が解決してくれる問題」ではなく、企業が経営課題として主体的に取り組まなければならない問題です。自社が ESG 問題に対してリアクティブな態度を取り続ければ、ESG 問題の悪化による影響によって各種リスクを増大させると共に、新たなビジネスチャンスを見逃してしまいます。そのような状況に陥らないためにも、企業は考え方をプロアクティブ思考に切り替え、積極的かつ戦略的に ESG 問題に取り組むことが必要です。

　バックキャスティングは、「ゴールからの逆算による目標設定」を意味します。深刻化する ESG 問題には、P.20 で指摘した「今まで通り」が通用しません。それは、過去の実績から将来を予測する「フォアキャスティング（forecasting）思考」を適用できないことを意味します。だからこそ、ESG 問題の存在を念頭に「将来のなりたい姿」をゴールに据え、そこから逆算してゴールに到達する方法を考える必要があります。この将来像を描くには P.90 の考え方に基づいた企業理念が、そしてゴールへの到達方法を考えるには P.92 の考え方に基づいた経営計画が重要な役割を果たします。

　先が見えない時代だからこそ、企業は誰かに迫られて渋々 ESG 問題に取り組むのではなく、プロアクティブ思考とバックキャスティングを実践し、SDGs に取り組む上での主体性を確立することが求められているのです。

SDGsには時代を見据えた主体性が必須

ESG問題に対する消極性はリスク増大の要因

ESG問題に対してはプロアクティブに

先が読めない時代は過去のデータが通用しない

プロアクティブ思考×バックキャスティングでゴールを目指す

SDGsの取り組みはバックキャスティングで将来像を実現するプロセス

未来志向

77 「取り組みの体系化」が先行者利益を生み出す

SDGs に取り組むメリットを享受するには、ビジネスのさまざまな局面でバランスよく ESG 問題の抑制／解決に取り組む必要があります。それには、SDGs の取り組みの体系化が欠かせません。そして、取り組みの体系化は何よりも早期に取り組むことが重要です。なぜなら、**いち早い体系化こそが「先行者利益」をもたらすからです。**

全社的に SDGs を学習するとともに合意形成を図る。見直した企業理念に裏打ちされた将来像を描き、そのための方法論を経営計画の中に位置付ける。ESG 問題の戦略的な抑制／解決に取り組み、その実績を見せる化する。体系化に必要なこれら一連の取り組みは、一朝一夕で実現するものではありません。また、これらはカネの力で人材を集めたり、専門家を雇ったり、新しい機械を導入すれば直ちに実現するというものでもありません。

だからこそいち早くその地域、その業界で SDGs の取り組みの体系化を実現できれば、それは非常に大きな企業価値として、顧客や将来の従業員などのさまざまなステークホルダーの支持につながり、本当の「競争優位性」を生み出します。

反対に、他社の成功事例を見てから SDGs への取り組みの体系化を始めても、実現までに多くの時間とコストを要します。その間に他社は先行者利益をバネにしてさらに SDGs の取り組みを発展させ、自社との差を一層広げていきます。

体系化による先行者利益を後発企業が追い越すことは、非常に困難です。だからこそ、他社に先んじた体系化に着手することが、自社の生存戦略として非常に重要になるのです。

SDGsの早期の体系化が先行者利益を生む

体系化には時間がかかる

倫理的思考

78 「どれだけ稼ぐか」ではなく「どのように稼ぐか」

　これまで企業は法令で規制されるか社会が注目しない限り、ESG問題に配慮することなく自社の経済的価値を追求してきました。これは「どれだけ稼ぐか」だけが企業の評価基準であったことを意味しています。その結果としてもたらされたのが、企業と社会の持続可能性を脅かす無数のESG問題です。「どれだけ稼ぐか」を基準にした企業の行動が、「稼ぐための環境」そのものを危うくしているのです。

　ESG問題が深刻化する時代では、社会が企業に求める評価基準が変わります。これからの評価基準は、「どれだけ稼ぐか」ではなく「どのように稼ぐか」です。「どのように稼ぐか」とは、「企業がESG問題の抑制／解決によって経済的、社会的価値を創造できているかどうか」という評価基準です。それは、SDGsの取り組みをどれだけ体系化できているかが、これからの企業の評価基準となることを意味しています。

　本書でこれまで言及してきたCSR調達やソーシャルビジネス、エシカル消費などの登場は評価基準の移り変わりを示すものと言えます。これからはどれだけ稼ぐ企業であっても、それがESG問題を生み出す企業であれば、社会の持続可能性を脅かす存在として厳しい社会的制裁を受けることになります。

　例えば好業績の企業でもサプライヤー企業の環境汚染や人権侵害を放置したことによって、NGOなどから発注者としての説明責任を問われたり、不買運動に遭ったりするケースがあります。これは企業に求められる新しい評価基準を逸脱しているからです。

　もはや企業が「どれだけ稼ぐか」を誇る時代は終わりました。これからの自社の生存戦略では「どのように稼ぐか」がカギとなることを、しっかりと自覚する必要があります。

儲けることしか興味がない会社は必要とされない

企業の評価基準の変化を感じ取る

「どれだけ稼ぐか」は儲かっても弊害が大きい

持続可能なビジネスは「どのように稼ぐか」が重要

倫理的思考

79 「ホンネとタテマエの ギャップ」を小さくする

これまで多くの企業では ESG 問題を「タテマエ」では重要だと公言しても、「ホンネ」では自社以外の誰かが取り組む問題だと認識してきました。しかし、ESG 問題は現実としてビジネスの制約要因になっています。この「**ホンネとタテマエのギャップ」をどれだけ小さくできるかが、これからの時代に生き残る企業の必須条件と言えるのです。**

しかし、SDGs が登場した時点ですでに経営者やマネージャーの地位にあった人の多くは、ESG 問題を適切に学ぶことができない環境で育ったという問題があります。つまり経営陣の資質が、必須条件にとってのリスクになっているのです。

ESG 問題を学ぶことのできない環境で育つと、「男尊女卑の価値観に染まって性差別を問題視しない」「障害者などの取り残された人の存在は自分に関係ないか、面倒な問題と考える」「環境問題も自分に被害がない限り関心を持たない」といった考え方や行動が定着し、それ故にギャップを小さくする行動が難しくなります。

実際に SDGs の登場後も、「企業が女性従業員をコンパニオン扱いして取引先の会食に帯同させる」「知的障害がある従業員に対して最低賃金を下回る給料しか支給しない」「不法投棄を前提で産業廃棄物の処理を受注する」など、SDGs の趣旨に反し、ギャップを拡大させるような行動は後を絶ちません。

ESG 問題をタテマエとして冷笑せず、ホンネの経営課題として取り組むためには、不適切な環境で育った経営者やマネージャーは自らの人間性の貧しさを自覚し、生まれ変わるつもりで ESG 問題を学ぶしかありません。「ホンキ」の学びが、ホンネとタテマエのギャップ是正には不可欠なのです。

もはやESG問題はタテマエの問題ではない

タテマエ扱いがリスクの原因

タテマエだから主体的に動かない

多くの経営者やマネージャーはESG問題の学習経験がない

ESG問題にホンキで取り組む組織へ

ホンネとタテマエのギャップを是正しない企業に明日はない

倫理的思考

80
「共感という資本」を獲得する

　社会の企業への評価基準は人々の価値観と連動しています。ESG問題は人々の価値観に影響を与え、「どれだけ稼ぐか」を重視する企業よりも、「どのように稼ぐか」を重視する企業に共感するようになっています。彼らの共感は、企業にとっての「資本」であると言えます。なぜなら、企業がSDGsの実践としてESG問題の抑制／解決に取り組むとき、1社だけでできることは限られているからです。SDGsの取り組みには協力してくれるステークホルダーの存在が不可欠であり、そのためには彼らの共感が必要になるのです。

　ステークホルダーからの共感には、「直接的な共感」と「間接的な共感」があります。前者は、ステークホルダーが自社の取り組みに賛同して製品やサービスを購入する、あるいは一緒にESG問題に取り組むなどです。後者は、ステークホルダーが他のステークホルダーとの間で自社の取り組みを共有することで新たな共感を呼び、その取り組みを促進するなどです。これは「共感のレバレッジ（てこ）効果」と言えるでしょう。

　どちらの共感も、自社のSDGsの取り組みにとってなくてはならない資本です。共感という資本を得る唯一の方法は、ESG問題の抑制／解決という具体的な行動を積み重ねることです。ステークホルダーが共感するには「理由」が必要です。そして彼らが自社に共感する理由は、ESG問題に対する具体的な行動です。**自社の具体的な行動という「事実」こそが、揺るぎないステークホルダーの共感になるのです。**

　SDGsウォッシュで短期的に共感を高めることは可能ですが、実態が伴わなければ、結局はビジネスにマイナスの影響しかありません。経営者は、共感という資本を得るためには愚直にSDGsに取り組むしかないことを強く意識する必要があります。

共感が資本になる時代に来ている

共感はステークホルダーを動かすチカラ

直接的な共感の例

間接的な共感の例

共感のレバレッジ効果

具体的な行動だけが共感を作り出す

行動が伴わないとSDGsウォッシュに

81 「自律的な思考」と「倫理的な行動」

SDGs は持続可能な世界の実現のために国連が提唱した国際目標です。しかし P.42 で説明したように、実現のための決まったやり方はありません。だからこそ、**SDGs の取り組みにおいて重要なことは、権威に依存しない自律的な思考と、自社のパーパス（存在意義）に根ざした倫理的な行動を実践することです。**

企業を含む各セクターの SDGs の実践にあたっては、国連や官公庁、研究機関、学校などが有益なツールを提供しています。しかし、それらのツールはあらゆる規模の企業、業種をカバーできているわけではありません。また、SDGs に決まったやり方がないが故に、そこに付け込んで「海外では〇〇と言われている」「〇〇こそが SDGs」などの触れ込みで、自社の特性を考慮しない、あるいは実効性が乏しい研修やコンサルティングを売り込む企業、コンサルタントなども現れています。

SDGs の取り組みを前進させるために外部の研修やコンサルティングは時として必要ですが、自社の現状に適さないサービスの利用は的確な意思決定を妨げたり、社内を混乱させたりするリスクがあります。それは、時間とコストの浪費にもつながります。そのため、彼らの売り込み文句を鵜呑みにせず、相手の提案内容をしっかりと吟味する必要があります。

どのようなテーマ、方法で SDGs に取り組むかは企業の判断に委ねられています。だからこそ SDGs の取り組みでは誰かの意見に惑わされるのではなく、自社のパーパスに照らし合わせて「社会と自社にとって何が大切か？」「取り残された人に対して何ができるか？」「今、何を行うべきか？」を考え、行動する主体性が求められます。専門機関のツールや社外のサービスを有効に活用できるか否かは、この主体性のあり方に関わっています。

パーパスをもとに、自分で考える

SDGsの実践は主体的な思考が重要

SDGsを商機とする企業、コンサルタントの売り込みには慎重に

自社でしっかり考えてから外部のツールやサービスの利用を

社会に残す財産

82 「社会の役に立つシニア」を 輩出する

　SDGs への取り組みのメリットは取り組んだ企業だけが享受するものではありません。企業はさまざまな ESG 問題の抑制／解決に取り組むことで、眼前の顧客の満足だけを追求する従来型のビジネスと異なり、より多くのステークホルダーと出会い、彼らとの間で多様な経験を共にすることができます。

　そして、この取り組みを実際に担うのは従業員です。従業員が従来型のビジネスの枠組みを超えた経験を積み、人間関係を築くことは、企業の成長可能性の追求とリスク低減だけでなく、超高齢社会において非常に重要な意義があります。なぜなら、従業員が定年退職後もこれまでの ESG 問題への取り組みで培ったスキルや人脈を活かし、引き続き社会で活躍できる可能性が広がるからです。

　超高齢社会では高齢者の生きがいの喪失や経済力の低下、社会的孤立、そしてこれらから生じる心身の健康問題が大きな ESG 問題として考えられています。一方で、社会は生産人口の減少による労働力不足や、地域の自然環境や祭礼、伝統文化を維持する担い手不足に悩まされています。

　これらの ESG 問題に対して、多彩な経験を積んで定年退職した従業員が起業したり、NPO や市民団体の活動に参加したりするなどの形で解決に取り組むことができれば、彼らのシニアライフと社会の双方にとってのメリットとなります。

　ESG 問題に有効なスキルや人脈は、現役時だけでなく、定年後にも活用可能な「資産」です。自社が世の中に役立つシニアを輩出することは、SDGs のあるべき姿であり、超高齢社会における CSR、CSV とも言えるでしょう。

社会に役立つシニアの輩出も企業の使命

SDGsはシニアライフの充実にも貢献する

仕事「しか」ない人生は空しいシニアライフに

従来のビジネスの枠を超えた現役時の活動がシニアライフをゆたかにする

企業は働く人の定年後も視野に入れたビジネスを

イイ企業とは、社会に役立つシニアを輩出できる企業

第7章 SDGsの実践を持続させる

社会に残す財産

205

社会に残す財産

83 「家族に本当に残したいもの」 は何か？

　本書を読んでいるみなさんが、自分の死後に家族のために残したい財産は何でしょうか？　カネや不動産、株式などは典型的な相続財産です。しかし、これらの相続財産が残された家族の生活を支えてくれる保障はもはやありません。

　SDGs の時代には企業の事業承継だけでなく、相続に対しても ESG 問題の視点が必要です。家族や次の世代のことを本当に思いやるのであれば、彼らに本当に残すべきものは「持続可能な社会」なのです。

　ESG 問題の深刻化は世界中に広がっています。そのような世界ではいくらカネがあっても、家族が望む場所での快適で安全な生活環境は保障されません。相次ぐ自然災害は相続財産としての不動産の安定的な利用と、経済的価値を脅かしています。風水害による土砂崩れや浸水被害はその典型例です。また、これまでも指摘されてきた少子高齢化による不動産経営への悪影響は新型コロナウイルスのパンデミックによって、一層拍車が掛かることになります。そして株式の価値もまた、ESG 問題の影響を受けます。ESG 問題に影響されてビジネス環境が悪化すれば、企業の業績も悪化し、株価も低下するのです。

　これから先 ESG 問題が悪化すれば、経済的価値のある財産を残したとしても、残された家族はそれを活用することも、安全に暮らすこともできなくなってしまいます。だからこそ、経営者も従業員も家族や次世代のことを思いやるのであれば、それぞれの立場から本気で SDGs に取り組み、「持続可能な社会という財産」を残していかなければならないのです。

もっとも大切な遺産は持続可能な社会

相続にもESG問題の視点を

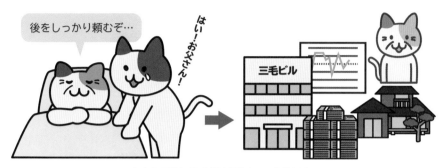

後をしっかり頼むぞ…

はい！お父さん！

三毛ビル

カネや不動産、株式だけを残すので充分か？

税金が安い国に移住しよう！

NEWS
パンデミックに移動の制限！

全社テレワークに移行するので〜

三毛ビル

事務所解約

経済
気候変動で企業のコスト増

ESG問題は相続のリスク

家族のためにも、次世代のためにもESG問題に正面からチャレンジ！

あらためて家族と次世代に残す財産の再考を

84 「ワクワクできる組織」にこそ人は集まる

これからの企業の生存戦略として、SDGs は不可欠です。これは規模や業種に関係なく、すべての企業に共通します。この生存戦略の実践には優秀な人材が必要ですが、その人材確保の成否を握るのは、自社が「ワクワクできる組織かどうか」という点です。

ワクワクできる組織とは、働く人／これから働く人が企業理念に共感し、働くことにやりがいを実感／予感できる組織です。人は自分の能力を発揮する場所、成長する機会、正当な評価を得ることでやりがいを感じることができます。さらに自分の能力の発揮を通じて社会に貢献できれば、そのやりがいは一層強固なものになるのです。

ESG 問題の深刻化と共に、優秀な学生や大企業の従業員がソーシャルビジネスなどにチャレンジするケースが増えています。これは働くことに対して、より高度なやりがいを求めているからです。

SDGs では従来のビジネスの枠組みを超え、多様なパートナーシップによって ESG 問題の抑制／解決に取り組みます。それは、働く人に従来よりも多くの能力を発揮する場所と成長の機会をもたらします。そして、その取り組みは企業からだけでなく、社会からも評価されるのです。

SDGs に取り組む組織は多様な機会に恵まれるが故に、優秀な人材にとってワクワクできる組織です。企業の魅力の本質は、規模の大小ではありません。**ESG 問題の抑制／解決を通じて、やりがいを実感／予感できる組織こそが、優秀な人材を本当に惹きつける組織なのです。**

「やりがい」+「社会的意義」＝ワクワク

ワクワクできる組織、作っていますか？

やりがいはワクワクの源泉

「寄らば大樹の陰」一辺倒の時代は終わりつつある

ワクワクは企業規模の大小と関係ない

高い志とその実践がワクワクを加速する

持続可能な企業

85 「企業の持続可能性」は メンバーの倫理観に比例する

　本書はこれまで、SDGs に取り組むためにどのような視点からビジネスをチェックし、何をすればよいのか、何に気をつけるべきなのかについて説明してきました。しかし SDGs の取り組みを実際に担うのは、企業を構成するメンバーです。取り組みの成否を決めるのはメンバーの能力の有無であることを忘れてはなりません。

　SDGs の取り組みでもっとも重要な能力は、自社と社会の利益の両立を重んじる「倫理観」です。なぜなら倫理観こそが、ビジネススキルなどの他の能力の活用や、SDGs の推進といった意思決定の方向性を決定するからです。企業の持続可能性は、企業を構成するメンバーの倫理観に大きく影響されるのです。

　倫理観は能力であるが故に、さまざまな経験、学習によって向上させることができます。メンバー自らが ESG 問題の現場に足を運び、取り残された人々の声に耳を傾け、SDGs に取り組む人々の話を聞き、彼らから学んだことを実務に応用することで、倫理観を高めることができます。

　これからのビジネスでは、高い倫理観を持ったメンバーで構成される組織が生き残ります。どのようなビジネススキルやビジネスの方向性も、高い倫理観の裏付けがなければ、そこから ESG 問題を生み出し、社会的制裁を受けたり、ビジネス環境を悪化させたりするリスクを増加させるだけです。

　倫理観は、決して情緒的なものではありません。自社の持続可能性の実現に必須の能力なのです。SDGs の取り組みによって持続可能な企業になれるかどうかは、構成メンバーの高い倫理観と、その倫理観に基づいた行動を尊重する「倫理的な組織」を築けるか否かにかかっています。

倫理的な組織が生き残る時代に

倫理観がビジネスの各種能力の使い方や意思決定を左右する

倫理が他の能力などに与える影響

倫理観は経験と学習で向上可能な能力

持続可能な企業、ビジネスのカギは高い倫理観

倫理的な組織の構築が成否を握る

この章のまとめ

第 7 章では、SDGs の実践を持続させるために必要な視点について解説してきました。ESG 問題が深刻化する時代の企業には、将来を見据え、倫理的な行動と組織を築くこと、そして次の世代に「持続可能な社会」という財産を残すことが求められます。要点をまとめると、次のようになります。

- これからのビジネスでは、ESG 問題にプロアクティブな姿勢で臨み、バックキャスティングで目標を設定して取り組む必要がある
- 地域、業界でいち早く SDGs の実践を体系化することが先行者利益を生み出し、競争優位になる
- これからのビジネスの評価基準は、「どれだけ稼ぐか」ではなく「どのように稼ぐか」である
- これからは ESG 問題をホンネの経営課題として取り組む企業が生き残る
- ESG 問題をホンネの経営課題とするには、経営者やマネージャーのホンキの学びが不可欠である
- ステークホルダーの「共感」は資本であり、SDGs とビジネスにとって不可欠である
- SDGs の実践には自社の主体性が重要であり、主体性がさまざまなツールやサービスの有効活用を可能にする
- SDGs の実践は従業員が「世の中に役立つシニア」になることに貢献し、シニアライフと社会の双方にメリットをもたらす
- 経営者と従業員が次世代に残すべき「本当の財産」は、持続可能な社会である
- 生存戦略としての SDGs の実践には優秀な人材が不可欠であり、その優秀な人材は高度なやりがいを求めている
- 持続可能な企業になれるかは、自社を構成するメンバーの倫理観を高め、倫理的な組織を構築できるか否かにかかっている

SDGs用語集

SDGs

▶ P.18

Sustainable Development Goals（持続可能な開発目標）の略称。2015 年に国連で採択された持続可能な社会の実現のための 2016 年から 2030 年までの国際目標。「誰一人取り残さない（No one will be left behind）」を基本理念とし、持続可能な社会の実現のために 17 の目標を設定してあらゆる組織と個人がこの実現に取り組むことが求められている。わが国では政府が推進本部を設置し、関連施策を行うと共に地方自治体や学校、企業でも目標実現のための取り組みが広がりっている。

誰一人取り残さない

▶ P.18

SDGs の基本理念。英語では " No one will be left behind" と表現される。あらゆる人が健康に生活できるための公衆衛生や自然環境を実現するだけでなく、人々が社会関係から疎外されたり孤独に陥ることなく、自己実現を可能にする社会を目指すことを意味する。SDGs の目的である持続可能な開発によって実現する社会のイメージを端的に表したもの。

持続可能性

▶ P.18

ある生態系やシステムが永続的に存続できる能力を意味する。英語では "sustainability"。日本語では「サステナビリティ」と表記されることもあるが、本書では和訳表現として「持続可能性」で統一している。SDGs ではこの現代社会というシステムが環境問題や社会問題によって破綻せずに安定的に営まれ、次世代に受け継がれ発展することが可能な状態を意味する。

ESG 問題

▶ P.22

現代社会の持続可能性を脅かす問題の総称。E は "Environment（環境問題）"、S は "Social（社会問題）"、G は "Governance（組織統治問題）" の頭文字。人類は技術の発展や経済のグローバル化によりゆたかさを実現した一方、気候変動問題のように持続可能性を脅かすESG問題を生み出している。従来ESG問題は政府などの公的セクターが取り組む問題であったが、現在はビジネスの成長を脅かすリスクとなっており、企業レベルでの対応が求められる。

ジェンダー

▶ P.28

社会的、文化的に作られる性別。対義語は生物学的な性別を表す「セックス」。「男らしさ」、「女らしさ」といった社会通念が典型的なジェンダー概念の例。ジェンダーは個人のアイデンティティ（自己同一性）と密接に関わるため、だれかが他者に一方的に男 / 女らしさを求めたり、性別を理由にして業務を割り当てることは人権侵害となり得るため、充分な注意が必要となる。

マルチベネフィット

▶ P.28

SDGs の取り組みで期待される効果。SDGs では 1 つの SDGs の目標への取り組みが他の目標やターゲットに対してもプラスの効果をもたらすことが期待されており、この相乗的・多面的な効果を意味する。本書 P.28 の企業内保育所のケースは典型的なマルチベネフィットと言える。

SDGs用語集

CSR

▶ P.30

Corporate Social Responsibility（企業の社会的責任）の略称。社会が企業に期待する各種責任の総称。営利組織である企業も、社会の一員である以上は独善的な利益追求だけでなく ESG 問題に配慮し、社会と調和する経営が求められている。CSR には法令順守のように ESG 問題の抑制で企業価値を防衛するための「守る CSR」と、ESG 問題の解決で企業価値を創造するための「伸ばす CSR」に大別される。

CSV

▶ P.30

Creating Shared Value（共有（共通）価値の創造）の略称。ハーバードビジネススクールのマイケル・ポーター教授らが提唱した経営戦略のフレームワーク。ビジネスにおける経済的価値の創造と、ESG 問題の解決によって社会と共有できる社会的価値の両立を表す考え方。日本の伝統的ビジネス観である「三方よし（売り手よし、買い手よし、世間よし）」や「伸ばす CSR」に相当する考え方でもある。

ソーシャルビジネス

▶ P.30

ESG 問題の解決による社会的価値の創造を目的とするビジネス。担い手は企業に限られず、NPO などの法人形態でも行われている。企業の場合は「社会的企業」と呼ばれることもある。従来のビジネスや企業が私的な経済的価値の追求を目的としていたのに対し、ソーシャルビジネスは ESG 問題の解決による社会的価値の創造をその目的としている点に特徴がある。

エシカルビジネス

▶ P.30

製品やサービスの生産、提供に関わるステークホルダーの公正な処遇
と、ESG 問題に配慮したサプライチェーンを実現しているビジネス。
エシカルとは英語の "Ethical（倫理的な）"。また、そのような製品
などの消費を「エシカル消費」と呼ぶ。ビジネスを通じて顧客の利便
性だけでなく、製品などに関わる生態系や社会システムの持続可能性
との両立を目指す点に特徴がある。

法令順守

▶ P.30

社会の一員である企業に対して、法令の順守の重要性を喚起する考え
方とその取り組み。企業価値を防衛する「守る CSR」の中核をなす。
類似する考え方の「コンプライアンス（Compliance）」は法令の順
守だけでなく、社会通念や倫理の尊重など、より広範で高度な社会的
期待に応えることの重要性を含む。

CSR 調達

▶ P.32

取引先の CSR の実施状況を調達（購買）基準とする調達。ESG 問題
の深刻化に伴いサプライチェーン全体での ESG 問題への取り組みが
求められており、上位の発注者ほどより多くのステークホルダーへの
ESG 問題の取り組みに対する説明責任が求められるため、アンケー
トや監査などによって取引先の CSR の実施状況を調査し、調達の適
否を決定する。

農福連携 ▶ P.32

障害者が農業に就労することにより、障害者のやりがい、経済的自立を目指すと共に担い手不足の農業の活性化を両立させる考え方。障害者の社会参画と農業の持続可能性の問題の解決を目的とするため、伸ばす CSR、CSV、ソーシャルビジネス、エシカルビジネスの要素を持っている。

取り残された人 ▶ P.36

本書では社会的弱者を意味する。目に見える困難を抱えている人だけが社会的弱者ではなく、孤独や家庭内暴力のような目に見えない、あるいは見え難い困難を抱えている人、貧困や教育格差などの社会や政治のひずみから生み出される困難を抱えている人などを含む。企業のSDGs の実践では、このような社会的弱者の社会参画の機会を提供することが求められている。

パーパス ▶ P.42

企業（自社）が何のために社会に存在するのかを自覚し、ステークホルダーに説明するための考え方。企業の「存在意義」のこと。ESG問題が深刻化する現代社会で、自社が企業理念や経営計画を見直し、社会のために本当に行うべきことを検討するためのキー概念として用いられる。

ステークホルダー ▶ P.54

企業がビジネスの遂行時に関わる「利害関係者」のこと。従来のビジネスでは顧客や金融機関、許認可を扱う官庁など、直接自社の経済的利害に関わる組織がステークホルダーだったが、SDGs の登場や企業が ESG 問題を経営課題化することにより、NPO や住民団体、学校など、ステークホルダーの概念は広がりつつある。

多様性 ▶ P.84

社会や生態系で多様な性質を持った種や群が存在すること。SDGs では持続可能な開発のために、社会において多様な性質・属性を持った人々が差別されることなく尊重されることと、生態系における生物の多様性、それを保障するための自然環境の多様性の保全が重要とされている。そのため、ビジネスでは多様性の尊重を実践することが重要な経営課題となっている。

マテリアリティ ▶ P.104

ビジネス、特に SDGs をビジネスで実践するときに優先的に取り組むべき課題のこと。「重要課題」とも。企業は自社の経営状況をわきまえず、やみくもに SDGs の 17 目標すべてに取り組むのではなく、マテリアリティの把握を通じて自社のビジネスと ESG 問題の関りを認識し、SDGs の取り組みテーマの優先順位などを適切に設定することが求められている。

アウトサイド・イン

▶ P.110

SDGs の実践時に求められる基本的な考え方。対義語は「インサイド・アウト」。自社の外部に存在する ESG 問題を、自社の経営課題として取り組むこと。ただし、現実には自社の経営資源を無視した取り組みは困難なため、自社の経営資源のあり方が自社の外部の ESG 問題への取り組み方を左右する考え方であるインサイド・アウトとのバランスをとる必要がある。

サステナビリティレポート

▶ P.136

企業の一定期間の持続可能性に関する取り組みを公表するレポート。従来は環境報告書、CSR レポートなどと呼ばれていたが、SDGs の登場以降は「サステナビリティ」を冠したレポートが増加している。レポートによる公表は企業の社会性や信頼を高める役割を果たす。レポートはステークホルダーとのコミュニケーションやブランディングなどに用いられている。

LGBT

▶ P.156

女性の同性愛者（Lesbian）、男性の同性愛者（Gay）、両性愛者（Bisexual）、誕生時の生物学的な性別と、自己が認識する性別（性同一性）が異なるトランスジェンダー（Transgender）の各頭文字を組み合わせた略語。従来 LGBT はジェンダーに合致しないことなどを理由に差別されてきたが、現在は社会の人権意識の向上により、身近な多様性を体現する存在として認識されている。なお、略語自体は性的少数者を意味するセクシャルマイノリティよりも肯定的に用いられる。

SDGs ウォッシュ

▶ P.170

SDGs の実践を偽装したり、自社の重大な ESG 問題を隠蔽しながら SDGs の実践を宣伝する矛盾的、詐欺的行為。SDGs ウォッシュは ESG 問題の抑制 / 解決に寄与しないため、厳しい社会的批判にさらされる経営リスクとされている。類語に環境経営を偽装する「グリーンウォッシュ」、国連の諸活動への協賛を偽装する「ブルーウォッシュ（国連旗の色に由来）」などがある。

プロアクティブ

▶ P.192

意思決定や行動の積極性を表す考え方。物事や状況の先を見越し、積極的な考え方や行動を取ること。対義語は物事や状況の展開を受けて反応する「リアクティブ」。SDGs では ESG 問題に直面してから対応を決めるのでは現実の経営課題に適切に取り組むことが困難になるため、ESG 問題の発生や深刻化を見越したプロアクティブな行動や考え方が求められる。

バックキャスティング

▶ P.192

意思決定や計画策定の手法に関する考え方。自社や自己の将来像、ゴールを想定し、そのゴールから逆算して現在の時点で行うべきことを計画すること。対義語は過去のデータや経験に依拠して意思決定を行う「フォアキャスティング」。SDGs では ESG 問題の深刻化によって過去のデータや経験が通用し難くなるため、バックキャスティングによる意思決定や計画策定が求められる。

おわりに

　本書を読まれた方はもうおわかりかと思いますが、本書は全編を通して奇抜な内容ではなく、「当たり前のこと」しか書かれていません。なぜならば、ESG 問題は基本的に「積小為大」の問題であり、SDGs の実現には奇をてらうのではなく、小さな問題、足元の問題からコツコツと着実に取り組む必要があるからです。一方で、その当たり前を実践し、継続することがいかに難しいかもよくおわかりのことと思います。

　一般的な SDGs 関連の書籍では先進的な企業のケーススタディ（事例）を多く紹介していますが、本書ではあえて特定企業のケーススタディを扱わず、ESG 問題への取り組みを通じて SDGs を実現するための考え方と、考え方に基づいたアクションについて解説してきました。なぜなら本書がもっとも重視しているのは、自律的に SDGs の実現に取り組む〜 ESG 問題の抑制／解決を両立する〜ための考え方、つまりパースペクティブ（視野）の確立だからです。

　書籍で取り上げられるケーススタディはわかりやすいストーリーです。しかし、その成功のストーリーは実践した企業の業種特性や事業規模、経営資源、置かれている環境のあり方などに負うものであり、企業が実践のためにどのようなコストやリスクを負担したか、社内の人間関係はどうだったか、などの水面下の重要な部分には言及されず、表面的な紹介に止まることがほとんどです。

それにもかかわらず、むやみにケーススタディをほしがる姿勢は
SDGs をビジネスに実装するための適切な学びを損ねるばかりか、安
易な模倣による経営資源の浪費を引き起こすリスクとなります。不充
分な情報かもしれないケーススタディを活かすには、それを参考にす
る企業自らがケーススタディの良否を判断し、そこから参考にすべき
エッセンスを引き出すためのパースペクティブの確立が不可欠です。

　また、このパースペクティブに欠かせないのは、「SDGs という「記
号」が重要なのではなく、経営資源を ESG 問題の抑制／解決のため
に実効的かつ効率的に活用しているか？」という視点です。社会の持
続可能性がビジネスの前提である以上、本来は SDGs という記号の
存在の有無に関わらず、ビジネスにおける ESG 問題の抑制／解決は
常に必要であることを忘れてはなりません。

　パースペクティブを確立し、優れたケーススタディを参考にしつつ、
自社の状況や特性、ステークホルダーの期待に応じた ESG 問題の抑
制／解決の方法論を自ら考え、実践できる企業こそが、持続可能な社
会の担い手であり、持続可能な企業と言えるでしょう。もし本書がそ
のパースペクティブの確立に少しでも役立てたのであれば、筆者に
とって望外の喜びとするところです。

最後になりましたが、遅筆にも関わらず執筆状況を温かく見守ってく
ださった技術評論社の大和田さんと、休日などを使ってイラスト制作
に協力してくれた妻に感謝しつつ、筆を擱くこととします。

泉　貴嗣（いずみ　よしつぐ）

CSR（企業の社会的責任）エバンジェリスト、第一カッター興業㈱（東証1716）監査役、公益財団法人ちばのWA地域づくり基金理事、経営実践研究会アドバイザー。主な活動テーマは中小企業のサステナビリティ（持続可能性）経営、ソーシャルビジネス化の支援と、これに関連する自治体の経済政策の支援。大学で学生の産学連携教育、社会人のリカレント教育コースでCSR関連科目などを担当した後、CSRエバンジェリストとして独立。さいたま市や静岡市などのCSR政策の制度設計や、これら政策で企業の社会性評価ツールの開発を手掛けたほか、現在は上場企業の社外監査役、NPOの中間支援組織の理事、ソーシャルビジネス化に取り組む中小企業の経営者団体のアドバイザーなども務める。著述に『CSRチェックリスト - 中小企業のためのCSR読本 -』、『CSR経営推進マニュアル -CSRはSDGsの方法論 -』（いずれもさいたま市刊）など。Twitterは「ヒトガラ号（CSR猫）」こと、@hitogara。

カバーデザイン／菊池祐（株式会社ライラック）
レイアウト・本文デザイン／株式会社ライラック
イラスト／ようこいずみ
編集／大和田洋平
技術評論社Webページ／https://book.gihyo.jp/116

■お問い合わせについて
本書の内容に関するご質問は、下記の宛先までFAXまたは書面にてお送りください。なお電話によるご質問、および本書に記載されている内容以外の事柄に関するご質問にはお答えできかねます。あらかじめご了承ください。

〒162-0846
新宿区市谷左内町 21-13
株式会社技術評論社　書籍編集部 「やるべきことがすぐわかる！ SDGs実践入門
～中小企業経営者＆担当者が知っておくべき85の原則」質問係
FAX番号：03-3513-6167

なお、ご質問の際に記載いただいた個人情報は、ご質問の返答以外の目的には使用いたしません。
また、ご質問の返答後は速やかに破棄させていただきます。

やるべきことがすぐわかる！　SDGs実践入門（エスディージーズ じっせんにゅうもん）
～中小企業経営者＆担当者が知っておくべき85の原則（ちゅうしょう きぎょうけいえいしゃあんどたんとうしゃ し げんそく）

2021年1月　1日　初版　第1刷発行
2021年6月11日　初版　第3刷発行

著　　　者	泉 貴嗣（いずみ よしつぐ）	
発　行　者	片岡 巌	
発　行　所	株式会社技術評論社	
	東京都新宿区市谷左内町 21-13	
	電話　03-3513-6150　販売促進部	
	03-3513-6160　書籍編集部	
印刷／製本	日経印刷株式会社	

ISBN978-4-297-11752-8 C0034
Printed in Japan